EUROPA
2050

Thomas Hartmann-Cwiertnia,
Jochen Dahm, Frank Decker (Hg.)

EUROPA 2050

souverän, sozial, handlungsfähig

 DIETZ

Bibliografische Information der Deutschen Nationalbibliothek

Die Deutsche Nationalbibliothek verzeichnet
diese Publikation in der Deutschen Nationalbibliografie;
detaillierte bibliografische Daten sind im Internet
über *http://dnb.dnb.de* abrufbar.

ISBN 978-3-8012-0670-3

Umschlag: Hermann Brandner, Köln
Satz: Rohtext, Bonn
Druck und Verarbeitung: Bookpress, Olsztyn
Alle Rechte vorbehalten
Printed in Poland 2023

Besuchen Sie uns im Internet: *www.dietz-verlag.de*

Inhalt

Vorwort

Von Thomas Hartmann-Cwiertnia, Jochen Dahm und Frank Decker

»Am Ende des Tages haben die klugen Europäer einen ziemlich erstaunlichen und wunderschönen Ort geschaffen, etwas, von dem wir bisher nicht herausgefunden haben, wie wir es in den USA erreichen können.« So formulierte der US-amerikanische Autor Steven Hill vor knapp anderthalb Jahrzehnten seinen Blick auf den europäischen Kontinent. Eine Perspektive die uns im politischen Alltag oft fehlt und die sich doch einzunehmen lohnt: Viel zu leicht vergisst man, welch großartiger Erfolg die Geschichte der Europäischen Union bei all den Schwächen dennoch ist. Ändert man den Blick, erkennt man wie unwahrscheinlich ein solches Bündnis zwischen ehemals verfeindeten Nationen war. Und welche innere Kraft ihm bei aller Verletzlichkeit innewohnen muss.

Im Jahr 2024 könnten die Herausforderungen für die Staaten in Europa und die Europäische Union kaum größer sein. Krieg, Klimakatastrophe, Ungleichheit in und zwischen den Ländern, eine rasante technische Entwicklung. Kein Staat, kann dem alleine entgegentreten. *Europa!* – muss weiterhin und umso mehr die Antwort für alle lauten, die an ein besseres Morgen glauben.

Aber die Europäische Union hat auch dringenden Reformbedarf und die Idee alleine wird nicht ausreichen, es braucht
auch konkrete Vorschläge und eine nach vorne gerichtete
Debatte. Sonst haben diejenigen leichtes Spiel, die gegen
Europa und die Demokratie hetzen.

In diesem Band versammeln wir wichtige Impulse für ein
Europa 2050 – für eine souveräne, soziale und handlungs-
fähige Europäische Union. Der Band nimmt aus verschiedenen Perspektiven Zustand und Zukunft der Wertegemeinschaft in den Blick und vereint Beiträge von Vortragenden
der Ringvorlesung »Die Zukunft Europas« der Friedrich-
Ebert-Stiftung an der Universität Bonn im Wintersemester
2023-2024 sowie weiterer Expertinnen und Experten.

Martin Schulz hat die Europäische Union als Präsident
des Europäischen Parlaments entscheidend mitgeprägt.
Das Buch startet mit seiner Vision von Europa, die sich
im Gespräch mit der Journalistin *Rahel Klein* entfaltet. Die
Wiener Kulturwissenschaftlerin *Judith Kohlenberger* macht
in ihrem Beitrag deutlich, dass ein souveränes Europa in
Zeiten zunehmender geopolitischer Machtverschiebungen
nur gelingen kann, wenn seine Asyl- und Migrationspolitik
rechtsstaatlich begründet und wertebasiert bleibt. Der Po-
pulismusforscher *Marcel Lewandowsky* erklärt anschließend
was Populist_innen wollen, wie sie die Demokratie und die
Gesellschaft in Europa herausfordern und macht Angebo-
te wie man ihnen politisch begegnen sollte. Das Erstarken
der EU-Skeptiker_innen ist nach dem Mitherausgeber *Frank
Decker* Ausdruck einer Vertrauenskrise, die die nationalen
und europäischen Regierungsinstitutionen gleichermaßen
erfasst. Er zeigt worin das institutionelle Demokratiedefizit im Einzelnen besteht und skizziert Vorschläge für eine

demokratischere EU. Die Abgeordnete *Delara Burkhardt* schildert im Gespräch mit dem Politikwissenschaftler *Christian Krell* ihr politisches Engagement im Europäischen Parlament gegen die Herausforderungen der Klimakrise und für eine nachhaltige Zukunft. Sie macht klar, dass die europäischen Staaten die ökologische und die soziale Frage nur gemeinsam beantworten können. Der Berliner Politik- und Wirtschaftswissenschaftler *Björn Hacker* analysiert, die Europäische Union müsse sich von der derzeit dominanten Marktgläubigkeit lösen und den politischen Gestaltungsanspruch in den Mittelpunkt stellen. Die Frage, wie sozialer Fortschritt Hand in Hand mit der Marktintegration funktionieren und dadurch eine europäische Identität schaffen kann, ist für ihn zentral. Auch der Ökonom und Publizist *Michael Dauderstädt* nimmt in seinem Beitrag die Verteilung des Wohlstands in Europa in den Blick und untersucht die Ungleichheit zwischen und in den Mitgliedstaaten und deren Auswirkungen auf den sozialen Zusammenhalt. Abschließend macht der Sicherheitsexperte *Christos Katsioulis* deutlich, dass mehr denn je die Notwendigkeit für die Europäische Union besteht, ihr wirtschaftliches Gewicht durch ein entsprechendes Engagement in der Sicherheitspolitik zu ergänzen. Nur so könne Europa auch in einer Welt im Umbruch souverän und handlungsfähig zu sein.

Die Beiträge spannen einen weiten Bogen von wissenschaftlichen Betrachtungen bis hin zu strategischen Überlegungen. Sie alle teilen jedoch das gemeinsame Ziel, Wege aufzuzeigen, um Europa weiterzuentwickeln und zukunftsfest zu machen. Für ihre Anregungen und Impulse für eine progressive Debatte möchten wir allen Autorinnen und Autoren sowie den Mitwirkenden an diesem Band unseren

Dank aussprechen. Sie, liebe Leserinnen und Leser, wiederum, laden wir ein, die Debatte auch jenseits dieses Buches mit den zwölf Missionen[1], die die Friedrich-Ebert-Stiftung für ein progressives Europa entwickelt hat, fortzusetzen.

Steven Hill gab seinem Buch 2010 den Titel »Why the European Way is the Best Hope in an Insecure Age«. Wir sind überzeugt: Die damit verbundene Feststellung, dass der europäische Weg der beste in unsicheren Zeiten ist, gilt heute mehr denn je!

---

1 Friedrich-Ebert-Stiftung - Politik für Europa: https://www.fes.de/politik-fuer-europa/twelve-missions-for-a-progressive-europe

Eine andere Geschichte von Europa

Martin Schulz im Gespräch mit Rahel Klein[*]

Herr Schulz, ich würde gerne in traditioneller Journalistinnenmanier mit ein paar kurzen Fragen an Sie starten: Wenn die EU ein Fußballverein wäre, welcher wäre sie?

Der 1. FC Köln.

Das müssen Sie begründen.

Fantastischer Verein, große Geschichte, enthusiastische Anhänger_innen, aber immer vom Abstieg bedroht.

Schafft es aber auch immer wieder mal nach oben.

Wünschenswerterweise, ja. Der FC darf diese Saison nicht absteigen. Und auch die Europäische Union muss die Liga halten.

---

[*]   Im Rahmen der Ringvorlesung »Die Zukunft Europas« der Friedrich-Ebert-Stiftung am 23. Januar 2024 an der Universität Bonn.

Also ein Schicksalsjahr für beide (...). Was hat Sie Ihre Zeit als Buchhändler für die Völkerverständigung gelehrt?

Zwischen den Buchdeckeln gepresst sind die Weisheiten von Menschen, die du nie kennenlernen würdest, wenn du das Buch nicht liest. Und Literatur überwindet alle Grenzen. Sie ist im wahrsten Sinne des Wortes global. Und deshalb glaube ich, dass Lesen nicht nur den Geist bildet, sondern auch den Charakter und das Herz.

Wen von den vielen Autorinnen und Autoren hätten Sie gern getroffen?

John Steinbeck. Er ist ein heute leider schon ein bisschen vergessener amerikanischer Literaturnobelpreisträger, der zwei, wie ich finde, zeitlose Romane geschrieben hat. Das eine ist *Jenseits von Eden*. Ich kenne kaum ein kunstvolleres Buch, weil mehrere Geschichten ineinander verwoben werden. Das ist eine Vater-Sohn-Geschichte, eine Kain-und-Abel-Geschichte, eine Familie-gegen-Familie-Geschichte, eine Generation-gegen-Generation-Geschichte.

Hat also alles.

Das ist ein sehr bewegender Roman und gleichzeitig kommen Hass und Liebe sehr fokussiert darin vor. Der zweite Roman heißt *Früchte des Zorns*. Das ist die Geschichte einer amerikanischen Farmerfamilie, die während der Großen Depression durch eine Dürre in Oklahoma ihren Hof verliert und dann von Bundesstaat zu Bundesstaat zieht und überall weggeschickt wird. »Diese verarmten Leute aus Oklahoma wollen wir nicht.« Und sie müssen, egal wo sie hinkommen, zu noch niedrigeren Löhnen und unter noch schlimmeren Bedingungen arbeiten. Der Abstieg dieser Familie und die Zurückweisung dieser Flüchtlinge könnten zeitgemäßer gar nicht sein und sind tief bewegend. Beider Romane hat sich übrigens Hollywood angenommen in, wie ich finde, außergewöhnlichen Verfilmungen.

Wer also die Bücher nicht lesen möchte, kann sich die Filme angucken. Das eigentliche Thema über das wir sprechen wollten ist Europa: Was hat Sie in Ihrer Zeit als Präsident des Europäischen Parlaments am meisten genervt?

Rechtsextremisten im Europaparlament, die habe ich rausgeschmissen. Und die kamen dann in der nächsten Sitzung wieder. Das hat mich am meisten genervt.

Was vermissen Sie am meisten aus dieser Zeit?

Die Multikulti-Atmosphäre des Europaparlaments, die ist faszinierend.

Auch die vielen Sprachen?

Ja. Ich war acht Jahre lang Vorsitzender der sozialdemokratischen Parlamentsfraktion. Das waren 200 Abgeordnete aus 28 Ländern, die 40 Parteien repräsentierten. Und ich werde nie vergessen, wie ich einen Kompromiss innerhalb der Fraktion herbeiführen musste zwischen zwei sich streitenden Berichterstattern. Der eine war aus Nordfinnland und vertrat die Lappen, der andere aus Catania in Sizilien. Da bist du als Deutscher schon auch ein Brückenbauer, also rein kulturell.

Wenn Sie sich aktuell ein politisches Amt vorstellen könnten, welches wäre es?

Ich kann den historischen Irrtum des deutschen Volkes, mich nicht zum Bundeskanzler gewählt zu haben, ja nicht rückgängig machen. Insofern ist das eine schwierige Frage (lacht).

Entnehme ich daraus, dass es doch noch mal dieses Amt wäre?

Sagen wir mal so: Du bewirbst dich ja nicht um das Amt des Bundeskanzlers, wenn du dich nicht für fähig hältst, es auszuüben.

Vielleicht, ja.

Es ist ja gut besetzt. Insofern kann ich da nichts sagen.

Haben Sie es verwunden?

Ja, klar. Man muss in der Demokratie, wenn man ein Amt anstrebt und es nicht bekommt, damit leben. Ich habe knapp 21 Prozent bei der Bundestagswahl geholt. Ich hoffe, dass meine Partei bei der nächsten Bundestagswahl mindestens in dem Bereich liegt.

**Ja, das wird spannend. Aber die SPD ist ja für Überra-
schungen gut. Sie haben dafür gesorgt, das Europäische
Parlament aufzuwerten und auch gleichberechtigt gegenüber den anderen EU-Institutionen zu machen. Was
halten Sie für Ihre größte persönliche Errungenschaft
als Parlamentspräsident? Worauf sind Sie stolz?**

Darauf, den Spitzenkandidat_innen-Prozess durchgesetzt
zu haben. Ich habe, als der Lissabon-Vertrag zu Ende rati-
fiziert war und in Kraft gesetzt wurde, mir den Artikel 17
Absatz 4 dieses Vertrags sehr genau angeschaut. Danach
habe ich zu meinen Mitarbeiter_innen gesagt: »Wenn wir
das richtig machen, ist das eine fundamentale Veränderung
in der Struktur der EU.« Der Artikel lautet: Der Rat schlägt
mit qualifizierter Mehrheit im Parlament einen Kandidaten
oder eine Kandidatin für die Kommissionspräsidentschaft
vor nach Anhörung, also nach Konsultation, und unter Berücksichtigung der Ergebnisse des vorausgegangenen Euro-
pawahlgangs. Dann habe ich gesagt: »Für mich ist der ent-
scheidende Passus, nach Konsultation.« Das heißt, der Rat
entscheidet erst, wen er vorschlägt, nachdem er das Parlament konsultiert hat. Das gibt dem Parlament umgekehrt
das Recht, dem Rat zu sagen, den oder die wollen wir. Es
beinhaltet immer noch die Möglichkeit, dass der Rat sagt:
»Nein, wir schlagen euch jemand anderen vor.« Dann muss
der Rat aber wissen, dass der oder die andere im Parlament
keine Mehrheit erhält. Denn wenn das Parlament konsultiert worden ist und sagt: »Wir schlagen Frau Klein vor«,
und der Rat anschließend sagt: »Aber wir schlagen Herrn
Decker vor«, dann kriegt Herr Decker keine Mehrheit, weil
das Parlament gesagt hat: »Wir wollen Frau Klein.« Das

heißt, das Parlament hat ein De-facto-Recht, die zu wählende Person zu bestimmen, das es ohnehin immer hatte, jetzt – de jure zugegebenermaßen – in Form einer Interpretationsbandbreite. Aber de jure hat es die Möglichkeit zu sagen: »Im Rahmen der Konsultation sagen wir euch, wen wir wollen.« Und das hatte ich dann dem damaligen Ratspräsidenten Herman Van Rompuy vorgetragen (lacht). Der bekam dann einen mittleren Ohnmachtsanfall.

Er hat es nicht ganz ernst genommen.

Ernst genommen hat Herman mich schon. Der wusste ja, wozu ich fähig war. Der hat dann gesagt: »Ich bin ja belgischer Premierminister gewesen. In Belgien ist das auch so: Nach der Wahl konsultiert der König die unterschiedlichen Parteien. Und dann macht der König einen Vorschlag. Und ich mache das jetzt auch so. Ich konsultiere die unterschiedlichen Fraktionen, danach mache ich einen Vorschlag.« Da habe ich ihm gesagt: »Herman, wir sind zwar in Belgien, aber du bist nicht der König. Wir machen das jetzt anders. Ihr könnt uns konsultieren. Und wir sagen euch, wen wir wollen, denn wir koordinieren uns im Parlament vorher.« Und das hatte ich mit dem damaligen Vorsitzenden der Europäischen Volkspartei Joseph Daul und seinem Nachfolger Manfred Weber und dem Vorsitzenden der liberalen Fraktion Guy Verhofstadt sowie Daniel Cohn-Bendit und Rebecca Harms, das waren die damaligen Vorsitzenden der grünen Fraktion, so abgestimmt. Wir haben dann ganz kurz vor der Europawahl, das ausscheidende Parlament, 2014 einen entsprechenden Beschluss gefasst, mit weit über 500 Stimmen. Nur der- oder diejenige, der oder die bei der Konsultation nach der Wahl hier im Parlament benannt wird, wird auch von uns gewählt. Wir haben dann nach der Wahl die gleiche Mehrheit von über 500 Stimmen für diesen Beschluss wiederhergestellt. Und haben damit durchgesetzt, dass eine_r der Kandidat_innen, die als Spitzenkandidat_innen ihrer Partei angetreten waren, in diesem Fall Jean-Claude Juncker, auch gewählt wurde.

Das heißt, Sie haben eine kleine Revolution angeführt und durchgeführt.

Ja, im Rat stieß das auf massiven Widerspruch, insbesondere bei der damaligen Bundeskanzlerin, die das absolut nicht wollte. Das hat mir natürlich Riesenspaß gemacht. Sie war die Vorsitzende der größten Mitgliedspartei der EVP. Noch in der Wahlnacht habe ich mich mit Juncker verständigt: »Okay, wir unterstützen deine Wahl zum Kommissionspräsidenten, dafür unterstützt du mich bei meiner Wiederwahl zum Parlamentspräsidenten.« Und Angela Merkel wollte den Juncker auf keinen Fall. Der war ihr zu frech und aufmüpfig und nicht genug auf Merkel-Linie – und Wolfgang Schäuble-Linie schon mal gar nicht.

Wenden wir uns nun den Fragen dieser Ringvorlesung zu. Wie steht es um die europäische Idee? Welche drei Begriffe charakterisieren für Sie die europäische Idee?

Respekt, Toleranz, Würde. Die europäische Idee besteht aus diesen drei Begriffen. Respekt vor der anderen Nation, Respekt vor der anderen Sprache, Respekt vor der anderen Kultur, vor der anderen Religion, vor der anderen Tradition. Toleranz gegenüber der anderen Meinung, den anderen Strategien. Und nur in der Kombination aus Toleranz und Respekt ist ein würdiges Zusammenleben von Menschen generell in der Gesellschaft und zwischen Völkern möglich.

Und wenn Sie sich die EU im Jahr 2024 ansehen, wie sehr sind diese drei für Sie wichtigen Grundprinzipien umgesetzt?

In den Verträgen sind sie weitgehend verwirklicht. In der Verfassungswirklichkeit Europas gibt es immer noch eine überwältigende Mehrheit von Regierungen der Mitgliedsländer, die das so will. Aber die Respektlosen, die Intoleranten und die Würdelosen nehmen an Zahl zu. Dagegen muss man etwas unternehmen.

Sie haben lange versucht, etwas dagegen zu tun, in Ihrer Zeit im Europäischen Parlament. Sie sind jetzt ein paar Jahre raus. Und Sie haben auch gesehen, wie die Entwicklung seitdem verlaufen ist. Dass die Zahl der Rechtspopulisten und Rechtsextremen im Europäischen Parlament zunimmt. Was macht das mit einem, der sich so sehr für Europa eingesetzt hat, diese aktuelle Entwicklung zu sehen?

Na ja, es stärkt den Kampfeswillen. Ich habe seit jeher ein eher kämpferisches Naturell. Bin nicht gerade berühmt für meine Zurückhaltung.

Nein, das sind Sie nicht.

Ich bin auch immer sehr offensiv. Was macht das mit mir? Ich will weiterhin kämpfen dafür, dass diese Idee von Europa siegt, dass sie dauerhaft und nachhaltig gestärkt wird. Aber es ärgert mich auch ein bisschen. Es gibt diese Tendenzen ja seit 20, 30 Jahren. Ich habe, ich glaube, im September 2018, im Deutschen Bundestag eine Rede gegen Alexander Gauland gehalten. Ich habe damals gesagt: Die Demokratie muss sich wehren. Die Reduzierung komplexer Sachverhalte auf eine Ursache, eine Monokausalität, in der Regel gerichtet gegen eine Minderheit im Lande, die Migrant_innen seien an allem schuld, ist ein tradiertes Mittel des Faschismus. Da gab es Standing Ovations. Aber es hat bis jetzt gedauert, bis zu dieser Potsdam-Nummer[1], wo eine breite Masse von Menschen begriffen hat, das ist nicht irgend so ein Theater, das da im Bundestag oder in den Landtagen stattfindet, sondern das ist der handfeste Versuch einer wild entschlossenen Minderheit, unser politisches System zu zerstören und ein autoritäres Regime aufzubauen. Besser spät als nie, dass jetzt Hunderttausende Menschen auf die Straße gehen. Und ich hoffe, nicht nur einmal, sondern dass daraus eine kontinuierliche Bewegung entsteht. Das ist wichtig und für die Demokratie geradezu überlebenswichtig. Beispiel Polen. Donald Tusk hat die Wende herbeigeführt gegen die Kaczyński-Regierung, als es ihm gelungen ist, zweimal mehrere Hunderttausend Leute in kurzer Zeit nach Warschau zu holen. Damit hat er zu verstehen gegeben: Ihr repräsentiert mitnichten das pol-

---

1   Treffen von Rechtsextremist_innen in Potsdam, das am 25. November 2023 stattfand und Mitte Januar 2024 durch investigative Recherchen des gemeinwohlorientierten Medienhaus CORRECTIV publik wurde. Anwesend waren auch Mitglieder von AfD, CDU, ÖVP, des Vereins Werteunion, der Identitären Bewegung und weitere Personen, die über die Umsetzung eines Masterplans zur »Remigration« diskutierten.

nische Volk. Ihr seid ein Teil, aber die Mehrheit des Volkes ist gegen euch. Nehmen Sie die israelische Zivilgesellschaft. 38-mal haben die Israelis an Wochenenden 100.000 Leute gegen Ministerpräsident Benjamin Netanjahu auf die Straße gebracht. Was macht das mit mir? Wenn ich ein Stückchen dazu beitragen kann, dass es bei einer kontinuierlichen Mobilisierung breiter Schichten von Leuten bleibt, dann haben wir auch eine Chance, dass die europäische Idee in Deutschland und in anderen Ländern Europas überlebt.

Was, würden Sie sagen, eint denn die EU gerade?

Eine allseitige unkonditionierte Zustimmung zu einem Thema gibt es zurzeit nicht. Die EU ist ähnlich gespalten wie unsere Gesellschaften. Wenn ich sagen würde, der Wille zum Frieden, würde jede_r zustimmen: »Ja, das ist der kleinste gemeinsame Nenner. Niemand in der Europäischen Union will eine kriegerische Auseinandersetzung.« Es kann sich niemand vorstellen, dass ein Mitgliedsland jemals noch mal Krieg gegen ein anderes Mitgliedsland führen würde, was für sich genommen schon eine große historische Errungenschaft ist. Aber ob es in der Europäischen Union Regierungen gibt, die nicht notfalls bereit wären, auch mit Waffengewalt unsere Außengrenzen zu verteidigen? In Italien regiert Matteo Salvini mit Giorgia Meloni. Der sagt: »Da muss notfalls geschossen werden.« Oder Umberto Bossi, Gründer der Lega: »Wenn ich die Fischerboote sehe [gemeint sind die Flüchtlingsboote auf dem Mittelmeer], dann will ich Kanonendonner hören.« Ist so ein wörtliches Zitat. So etwas zu sagen, wäre vor 20, 30 Jahren, glaube ich, nicht möglich gewesen, jetzt ist es möglich.

Aber dieser Wille zum Frieden, der ist schon noch da. Gleichzeitig stellt sich die Frage – wenn man sich unterschiedliche Entwicklungen in den einzelnen Ländern, wenn man sich die Migrationspolitik ansieht, die vor Kurzem verschärft wurde –, wie die EU ihre Glaubwürdigkeit wahren kann, um diese europäische Idee wirklich auch zu vertreten.

Ich versuche diese Frage, die mir ja häufig gestellt wird, mit einer Gegenfrage zu beantworten: Wer ist die EU? Wenn wir die Gemeinschaftsinstitutionen in Brüssel nehmen, also die Kommission und das Parlament, würde ich sagen, die besitzen nach wie vor ein hohes Maß an Glaubwürdigkeit, weil sie eine kohärente und auch nachvollziehbare Politik machen. Die muss man nicht immer teilen, aber man kann erkennen, was gewollt ist. Die Inkohärenz, die zur Doppelbödigkeit, zur Doppelmoral führt, verursachen die Mitgliedsstaaten. Kann ich als Mitgliedsstaat hingehen und sagen: »Ja, wir brauchen eine vernünftige, auf humanitärem Völkerrecht aufbauende Migrationspolitik«, und gleichzeitig sagen: »Nein, aber Flüchtlinge aus diesem oder jenem Land oder Muslim_innen nehme ich nicht«? Das ist ja nicht die Kommission in Brüssel, die das sagt. Das ist auch nicht das Europaparlament, sondern die Regierung in Warschau oder in Budapest. Und deshalb glaube ich, dass die Europäische Union sehr häufig als Gesamtheit verurteilt wird für die Glaubwürdigkeitslücke, die durch nationale Vorbehalte und Alleingänge hervorgerufen wird.

Was, würden Sie sagen, muss passieren, damit die EU wieder mehr zusammenwächst? Oder anders gefragt:

Wäre es nicht vielleicht auch okay, wenn man nicht überall an einem Strang zieht? Und wenn man sagt: »Ja, okay, wir verlagern vielleicht doch ein paar Entscheidungen in die nationalen Hauptstädte«? Oder: »Wir müssen auch nicht immer einstimmig entscheiden«? Das würde es ja manchmal einfacher machen.

Das ist eine extrem komplexe Frage. Wir brauchen nach meiner Einschätzung eine integrale Reform der EU. Ich bin ein großer Anhänger von Subsidiarität. Aufgrund meiner kommunalpolitischen Arbeit weiß ich: Je näher eine Entscheidung bei den Menschen gefällt wird, desto höher ist ihre Akzeptanz.

Dann hat die EU nicht so gute Chancen?

Nein, denn umgekehrt heißt das, je weiter entfernt die Entscheidung getroffen wird, desto geringer ist die Akzeptanz. Aber seien wir mal ehrlich, das erfährt jede_r Europapolitiker_in. Wir treffen Entscheidungen im Europaparlament, in der Kommission, im Europäischen Rat, im Gesetzgebungsverfahren, auch im Verordnungsverfahren in Brüssel, die unmittelbare Auswirkungen auf unser alltägliches Leben haben. Die Leute haben das Gefühl, sie wissen davon überhaupt nichts. Das heißt, die Entfremdung, die damit verbunden ist, dass die Entscheidungsfindung so weit weg erfolgt und dass die Anzahl von Bereichen, in denen so entschieden wird, immer mehr zunimmt, ist notwendig. In der globalen Welt brauchen wir die Europäische Union als starke Wirtschaftsmacht, als starke Finanzmacht, als starke Politikmacht. Aber gleichzeitig ist es so, dass ihre innere

Verfasstheit dazu führt, dass die Handlungsgrundlage, die sie braucht, um auf gleicher Augenhöhe mit China oder den USA agieren zu können, immer weiter delegitimiert wird durch ein intransparentes, nicht nachvollziehbares Verfahren. Wie begegnet man dem? Das ist eigentlich der Kern Ihrer Frage, denn das führt ja auch zu Kontroversen zwischen den Mitgliedsstaaten. Man muss die EU reformieren. Meine These ist: Was du lokal machen kannst, musst du lokal machen. Was du regional machen kannst, musst du regional machen. Und was du national machen kannst, musst du national machen. Da wird auch jede_r sagen: »Ja, super, machen wir so.« Ich bin für den Rücktransfer von Dingen, die sich in Brüssel als nicht geeignet für die Regulierung erwiesen haben, auf lokale und regionale Ebenen.

Und sehen Sie eine Entwicklung in diese Richtung?

Nein, bedauerlicherweise nicht.

An wem liegt das?

An den Mitgliedsstaaten, die nicht bereit sind, den EU-Vertrag zu ändern. Aber ich möchte auf Ihre vorherige Frage zurückkommen, die bedarf einer umfassenderen Antwort. Nehmen wir ein Beispiel. Über die Wasserwirtschaft in der Bonner Region kann die Stadt Bonn mit ihren Umlandgemeinden besser entscheiden als irgendein Beamter der EU-Kommission in Brüssel. Da sagen die Leute auch: »Das ist vernünftig. Lass uns das zurückdelegieren.« Aber der Umkehrschluss ist folgender: Alles, was du nicht mehr lokal, national und regional machen kannst, kannst du nur noch europäisch lösen. Und alle Themen, bei denen es zwingend erforderlich ist, dass wir europäische Lösungen haben. Bei der Bekämpfung des Klimawandels zum Beispiel kannst du ja nur noch globale Lösungen vorschlagen. Nehmen wir mal die Besteuerung von internationalen Plattformen wie Google und Amazon, die kannst du ja nicht mehr mit nationalem Steuerrecht regeln. Nehmen wir die Migration. Nehmen wir die Bekämpfung von organisierter Kriminalität, von Cyberkriminalität. In all diesen Bereichen stößt der Nationalstaat an seine Grenzen. Dann muss man die Zuständigkeit auf Brüssel übertragen. Dann brauchst du für diese Kompetenz aber eine europäische Regierung, einen Minister, der erkennbar dafür zuständig ist. Und ein Parlament, das gewählt wird, das die Regierung einsetzt, die dafür zuständig ist auf europäischer Ebene. Und wenn sie schlecht ist, wieder abwählt. Wir haben 27 Mitgliedsstaaten und 27 Kommissar_innen. Vor jeder Kommissionsbildung musst du mit der Wünschelrute durch Brüssel laufen, um irgendein Thema zu finden, damit du den Kommissar_innen einen Zuständigkeitsbereich geben kannst.

Das heißt, es braucht eine Reform der EU.

Absolut, natürlich. 2005 hatten wir den Konvent abgeschlossen. Es gab eine europäische Verfassung. In dieser europäischen Verfassung war die Kompetenzordnung ansatzweise so, wie ich sie gerade beschrieben habe. Und sie wäre auch der Weg zu einer europäischen Regierung gewesen. Die Verfassung ist gescheitert an Rechtsextremisten in Frankreich und in den Niederlanden. Sie haben mich ja gefragt, was das mit mir macht. Die pragmatische Vernunft im

21. Jahrhundert verpflichtet uns eigentlich dazu, die Staaten
nicht so zurückzuwerfen, dass es am Ende auf die Ebene
Luxemburg-China hinausläuft, also auf multiplen Bilatera-
lismus, bei dem ein Land wie Luxemburg nicht mehr überleben kann. Die EU hat 450 Millionen Einwohner_innen in
27 Staaten, die den reichsten Markt der Welt gemeinsam
organisieren, um mit China Handel zu betreiben, um zu
überleben, wenn der Trump seine Wiederwahl organisiert,
und damit es in Peking und in Washington nicht gelingt,
Europa auseinanderzutreiben. Wenn du nicht willst, dass
auf Dauer das Schicksal unserer Enkelkinder in Peking oder
Washington entschieden wird, musst du aus Europa einen
starken Gegner dieser autoritären – und Trump ist ein Autoritärer – Politiker_innen machen. Stattdessen haben wir die
Erzählung, die verschiedene Leute seit über 15 Jahren mit
Erfolg verbreiten, die EU sei schlecht, national könnten wir
das alles besser. Und dagegen haben sich zu wenige Leute
gewandt.

**Sie haben eben Polen angesprochen. Auch wenn da die
Rechtspopulisten jetzt nicht mehr an der Regierung
sind, gibt es ja genügend EU-Staaten, in denen Rechte
bis Rechtsextreme vermutlich auch in den nächsten Jahren massive Wahlerfolge feiern werden. Und da stellt
sich schon die Frage, wie sehr die EU dazu beigetragen
hat, dass in den einzelnen Ländern die Rechtspopulisten
so stark geworden sind. Muss sich die EU da auch kritisch hinterfragen?**

Wen meinen Sie mit der EU?

Ich meine diesen Verbund und auch dieses zum Teil bürokratische Monster Europäische Union, dieses Konstrukt, das reformiert gehört, das über das Leben von uns allen bestimmt, ohne dass viele wissen, wie Entscheidungen zustande gekommen sind. Das haben Sie ja angesprochen. Sie können ja auch sagen: »Die Europäische Union hat nichts damit zu tun, dass Rechtspopulisten in Europa stark werden.« Ich habe mich nur gefragt, ob es da irgendeinen Zusammenhang gibt.

Aber wer ist die Europäische Union? Wer ist in Ihren Augen die Europäische Union?

Die Frage müssten Sie mir eher beantworten.

Okay, dann tue ich das jetzt. Als ich meine erste Rede im Europäischen Rat der Staats- und Regierungschefs hielt, das war im Januar 2012, habe ich anschließend einen Popularitätspreis bekommen. Ich habe da meine Rede eröffnet mit dem Satz: »Herr Vorsitzender«, das war damals Herman van Rompuy, »meine Damen und Herren, das Problem der Europäischen Union sind Sie.« Da fiel der Merkel ihr Tablet um. Wer ist die eigentliche Macht der Europäischen Union? Ist das das Europäische Parlament? Ist das die Kommission? Oder ist es am Ende der Rat der Staats- und Regierungschefs, der alles an sich zieht? Und der es bis zur Perfektionierung getrieben hat, Erfolge als Erfolge der nationalen Regierungen in Brüssel darzustellen? Ich kann mich nicht erinnern, dass es ein sogenanntes Debriefing, also eine Pressekonferenz nach dem Europäischen Rat, von Angela Merkel gegeben hat, bei dem sie gesagt hat: »Die Europäische Union hat heute gut gearbeitet.« Der Satz war: »Wir haben hier stark gekämpft für unsere Position. Und ich bin glücklich, dass wir uns am Ende durchgesetzt haben.« Und Sarkozy oder Chirac oder Macron sagten exakt das Gleiche. Und der italienische Ministerpräsident sagte das auf Italienisch. Das heißt, der Erfolg einer nächtelangen Verhandlung wurde als Erfolg der nationalen Regierungen verkauft. Das Dramatische war aber: Haben sie sich nicht geeinigt, musste vertagt werden. Dann sagten die gleichen Leute: »Na ja, Sie kennen ja die Brüsseler Mechanismen.« Die Botschaft ist: Alles Gute, alles Erfolgreiche kommt aus den jeweiligen Hauptstädten der Mitgliedstaaten, das Schlechte aus Brüssel. Und dann wundern wir uns nach Jahrzehnten, dass die Leute sagen: »Na ja, wenn das so ist, was soll man da mit dem Verein anfangen!«? Das war Wasser auf die Mühlen der nationalen Rhetorik des Populismus, der genauso, wie Sie ja eben ungewollt auch, gesagt hat: »Das Bürokratiemonster!« Die Kommission der Europäischen Union hat etwa 35.000 Beamt_innen. Zum Vergleich: Die Kölner Stadtverwaltung hat 28.000 Mitarbeiter_innen.

Ja, ist auch ein Bürokratiemonster.

Ich sage das der Kölner-Oberbürgermeisterin Henriette Reker, wenn ich sie das nächste Mal treffe. Aber ich gebe Ihnen mal ein Beispiel. Ich habe als junger Abgeordneter, Mitte der 1990er-Jahre, da war ich noch Bürgermeister meiner Heimatstadt, eine Richtlinie mitverabschiedet, die lautete: Richtlinie der Europäischen Union zur Verbesserung der Wasserqualität in den Fließgewässern ihrer Mitgliedstaaten. Das war übrigens eine erfolgreiche Richtlinie. Der

Rhein ist heute sauberer als damals, weil die Richtlinie ein Wassermanagement vorsah, das auch umgesetzt wurde. Die war 16 Seiten lang, im Amtsblatt der EU veröffentlicht. Dann bekam ich die in mein Rathaus nach Würselen. Da hatte sie 90 Seiten. Und ich habe zuerst gedacht, na ja, weil wir im Dreiländereck sind, ist auch eine französische und eine niederländische Version dabei. Von wegen! Das war die Richtlinie der Europäischen Union zur Verbesserung der Gewässerqualität in den Fließgewässern ihrer Mitgliedsstaaten. Versehen mit den Begleitgesetzen der Bundesrepublik Deutschland, ergänzt um die Ausführungsgesetze des Landes Nordrhein-Westfalen, beigefügt die Durchführungsbestimmungen der Bezirksregierung Köln in Form der Weisungen des Landratsamts Aachen.

Ich verstehe, worauf Sie hinauswollen. Sie wollen sagen, dass es in Deutschland ein viel größeres Bürokratieproblem gibt als in der EU. Aber dann hat die EU ja auch ein Imageproblem, das sie nicht gelöst bekommt. Auf der einen Seite ein Demokratiedefizit und auf der anderen Seite kriegt sie es nicht hin, nach außen so zu kommunizieren, dass die Vorteile, die europäischen Ideen, die Werte der EU, auch wirklich von den Bürger_innen wahrgenommen werden. Dann muss man doch wirklich mal eine Imagekampagne starten, oder?

Also ich versuche es noch mal. Die Vorurteile gegen die Europäische Union, ihre angebliche Dysfunktionalität, ihre, das muss man zugeben, objektiv defizitären demokratischen Strukturen kriegen Sie nicht bekämpft, indem der Präsident des Europaparlaments oder die Kommissionspräsidentin eine Kampagne macht und sagt: »Nein, Leute, das stimmt alles nicht.« Solange in den nationalen Hauptstädten oder etwa in der Landeshauptstadt in Düsseldorf Leute sitzen, die perfekt darin sind zu sagen: »Sind wir doch gar nicht schuld, ist doch alles Brüssel schuld«, obwohl eine Richtlinie, die in Brüssel erlassen wird, vier weitere behördliche Gänge in Deutschland hat. Wie wäre es denn mal, wenn die Bundesregierung sagen würde: »Na ja, wir vereinfachen mal die Verfahren in Deutschland«? Kann sie nicht, denn da müsste unsere Verfassung geändert werden, weil die Bundesländer mitbestimmen. Da sagen viele Leute in Deutschland auch: »Ja, verdammt noch mal, geht das nicht effizienter, zum Beispiel mit dem Bau von Windrädern und der Verlegung von Stromtrassen von Nord nach Süd?« Nein, solange die Verfassung so ist, wie sie ist. Da kannst du 100-mal eine Imagekampagne machen und sagen: »Die Bundesrepublik ist aber eigentlich ein schönes Land.« Dann hast du aber immer noch keine Stromtrasse von Nord nach Süd, weil Markus Söder sie nicht will. Der bringt es dann aber fertig, sich über teuren Strom zu beschweren. Also, ich glaube, es ist nicht eine Frage des Images, dass die Strukturen, die die EU heute noch hat, nicht angemessen sind für die tatsächlichen politischen Herausforderungen. Das zu ändern, bedürfte des Willens der Mitgliedsstaaten. Es gab eine europäische Verfassung, die ist einer Abstimmung in vier Ländern unterworfen worden. In zwei Ländern ist mit Nein gestimmt worden, Frankreich und den Niederlanden. Und in zwei Ländern ist sie befürwortet worden. Und es haben in der Summe mehr Leute mit Ja gestimmt als mit Nein. Aber in der Europäischen Union ist es so, dass, wenn ein Land Nein sagt, dann ist Ende. In der Verfassung war auch vorgesehen, dass die Mehrheitsentscheidung der Regelfall werden soll. Ich war damals Vorsitzender meiner Fraktion. Und viele meiner Kolleg_innen haben die Welt nicht mehr verstanden. Aber die Entscheidung war nicht von der Europäischen Union getroffen worden, sondern von Bürger_innen von Mitgliedsstaaten. Das Defizit war, dass bei der Volksabstimmung in Frankreich zum Beispiel über alles diskutiert wurde während des Wahlkampfs, nur nicht über die europäische Verfassung. Jacques Chirac war damals auf dem Tiefpunkt seiner Popularität. Und ich vertrat damals die These: Wenn der Chirac den Leuten sagt: »Stimmt der Verfassung zu, dann trete ich zurück«, kriegen wir 80 Prozent. All diese Dinge kann man nicht der EU in die Schuhe schieben, sondern man muss schon sagen, die EU besteht aus 27, damals 28 Mitgliedsstaaten. Und sie ist am Ende nur so stark, wie die nationalen Regierungen sie stark sein lassen wollen. Und man muss auch sagen, dass es viele Politiker_innen gibt, die Europa als instrumentelles Projekt betrachtet haben. Nutzt es meiner Politik, ist es gut. Nutzt es mir und meiner Politik, über Brüssel herzuziehen, mache ich das. Diese Gruppe von Politiker_innen, die in den letzten 20 Jahren größer geworden ist, trägt in meinen Augen die Hauptverantwortung für den heutigen Zustand der EU.

Dieses Jahr finden Europawahlen statt. Viele sprechen von Schicksalswahlen und haben Angst davor, dass genau das passiert, worüber wir gesprochen haben. Dass die Auffassung sich durchsetzt: »Nationalstaat *first* und dann irgendwann vielleicht noch die EU, vielleicht auch einfach nur als wirtschaftliches Bündnis, aber nicht

mehr als Werteunion.« Das hätten ja viele Rechtspopulisten gerne so. Was macht Ihnen trotzdem Hoffnung, dass es vielleicht auch anders werden kann?

Politik ist ein dynamischer Prozess und alles ist veränderbar.

Das ist jetzt ein Fall für das Phrasenschwein.

Nein.

Ein bisschen schon.

Es ist ein Stück der Bilanz meiner politischen Erfahrung. Wenn es anders wäre, wenn Politik nicht dynamisch wäre, dann würde ich jetzt den Griffel aus der Hand legen und sagen: »Man kann sowieso nichts machen.« Aber man kann was machen! Es gibt ein schönes Sprichwort des englischen Philosophen Edmund Burke: »Für den Sieg des Bösen reicht es, dass die Guten nichts tun.« Das ist nichts für das Phrasenschwein, sondern Realität. Wenn du immer meinst, es läuft gut, brauchst du ja nichts zu tun. Du richtest dich bequem ein in der Welt, in der du lebst.

Und sehen Sie, dass das nicht nur jetzt gerade in Deutschland passiert, sondern auch in Europa?

Ja, mein Eindruck gerade in den letzten Tagen ist, dass die Menschen jetzt begriffen haben, dass die Demokratie wirklich gefährdet ist. Das ist seit 20 Jahren sichtbar, ein schleichender Prozess. Und viele Leute haben sich eingerichtet nach dem Motto »Wird schon alles nicht so schlimm sein«

oder »Ja, so ein paar rechtsextreme Blödmänner gab es schon immer«. Nein, die arbeiten schon seit Jahren an der Unterminierung unserer Demokratie. Und jetzt ist mein Eindruck, dass ein großer Teil der Guten bereit ist, etwas zu tun, um den Sieg des Bösen zu verhindern. Und das ist nicht nur in Deutschland so. Polen ist wirklich ein leuchtendes Beispiel dafür, viele andere Länder auch, in denen es einen zunehmenden Anteil von Menschen gibt, die sehen, dass die europäische Idee nichts anderes ist als das Konzept von Respekt, Toleranz und Würde, ein Organisationsmodell für eine Gesellschaft nach innen und nach außen. Willy Brandt hat in seiner Regierungserklärung von 1969 ein paar wunderbare Sachen gesagt, unter anderem: »Wir wollen ein Volk der guten Nachbarn sein, nach innen wie nach außen.« Das ist, wie ich finde, eine brillante Formulierung für das Konzept, das mir für Europa vorschwebt. Die guten Nachbarn im Innern, das sind die Leute, die sich aufeinander verlassen können. Die Leute, die sich so akzeptieren, wie sie sind, die sich respektieren, die sich tolerieren. Die Leute, von denen du weißt, du bist für sie da, weil die auch für dich da wären, wenn du sie brauchst. Und die nehmen dich so, wie du bist, weil du sie so nimmst, wie sie sind. Eine Gesellschaft, die so organisiert wird, ganz simpel nach innen auf der Grundlage von Respekt und Toleranz, würdig zusammenlebt, ist auch in der Lage, mit anderen Nationen, mit anderen Völkern, mit anderen Kulturen so zu leben. Und ich habe den Eindruck, dass es jetzt immer mehr Menschen gibt, die eher wollen, dass wir ein Volk der guten Nachbarn sind, und nicht mehr Hass und Hetze hören wollen. Da fällt mir Wilhelm Tell ein: »Es kann nämlich der gute Mann im Frieden nicht leben, wenn es dem bösen

Nachbarn nicht gefällt.« Und das sind unsere bösen Nachbarn. Gegen die sollten wir etwas tun.

Eine letzte Frage: Sie haben in Ihrer Abschiedsrede im Europäischen Parlament im Dezember 2016 gesagt: »Ich habe diese Union als die größte zivilisatorische Errungenschaft des vergangenen Jahrhunderts bezeichnet und ich bin immer noch der Meinung, dass dies der Wahrheit entspricht.« Das ist jetzt sieben Jahre her. Sehen Sie das immer noch so?

Ja, mehr denn je. Wenn Sie sich anschauen, was in Kiew heute los ist ... Gehen Sie mal in Bonn auf die Straße und sagen Sie einem jungen Mann oder einer jungen Frau: »Sollen wir mal die Franzosen angreifen?« Da rufen die das Krankenhaus an und sagen: »Dem geht es nicht gut.« Gehen Sie mal in Paris auf die Straße und sagen Sie: »Was haltet ihr denn von einer militärischen Auseinandersetzung mit Deutschland?« Das Gleiche. In zwei Ländern, die eine 1.000-jährige Geschichte haben, die voller Blut ist. Gehen Sie mal nach Warschau. Die Bundesrepublik Deutschland ist umgeben von lauter befreundeten Nationen. Wir sind umgeben von Freunden und kleinen Ländern, die keine Angst vor Deutschland haben. Alexander Gauland hat mal gesagt: »Man wird ja mal wieder stolz sein dürfen auf die Leistung unserer Armee in zwei Kriegen. Und das Dritte Reich ist mit Blick auf unsere 1.000-jährige nationale Geschichte ein Vogelschiss.« Ich würde es mal umgekehrt formulieren. Noch nie in der 1.000-jährigen Geschichte unseres Volkes hat es einen solchen Zustand gegeben, des Friedens, des gegenseitigen Respekts, der Toleranz und der Bereitschaft zur Kooperation. Und das ist ein Resultat der Europapolitik. Und deshalb halte ich die EU für die größte zivilisatorische Errungenschaft, die auf diesem Kontinent in den letzten Jahrhunderten erreicht worden ist.

Humanes Europa. Über eine wertebasierte Migrations- und Asylpolitik

Von Judith Kohlenberger

Im Jahr 2023 wurden in der EU, in Norwegen und in der Schweiz 1,1 Millionen Asylanträge gestellt, 17 Prozent mehr als im Vorjahr. 270.180 Menschen erreichten Europa über das Mittelmeer – 2022 waren es insgesamt 159.410. 2.800 sind dabei zu Tode gekommen. Die vielen Flüchtlingstoten entlang Europas Landgrenzen, die in Grenzflüssen, durch Treibjagden mit Hunden, infolge der Misshandlungen durch Grenzpolizei, durch Kälte oder Hunger ums Leben kamen, sind hierin nicht eingerechnet. Europa ist umzäunt von einem »Gürtel der Gewalt« (Grillmeier 2023), der immer mehr zur Normalität zu werden droht und damit das Projekt Europa auf seine wohl schwierigste Probe stellt.

Denn wie kaum ein anderes Politikfeld verdeutlicht das Thema »Flucht und Migration«, dass die Einzelinteressen der Mitgliedstaaten und die Vision eines demokratischen Miteinanders in einem in Vielfalt vereinten Europa massiv, und in manchen Bereichen scheinbar unüberbrückbar, di-

vergieren. Seit dem Rekordjahr 2015, als 1,3 Millionen Geflüchtete in Europa um Schutz ansuchten, ist jedoch beiden
Seiten klar: Es besteht akuter Reformbedarf, wenn Europa
weiterhin eine Rolle im globalen Flüchtlingsschutz spielen,
seinen Werten und Idealen verpflichtet bleiben und gleichzeitig nationalstaatliche Eigeninteressen an autonom ge-
staltetem Grenzschutz und Einreiseregimen ernst nehmen
will, um dem Bröckeln der Kohäsion entgegenzuwirken.
Denn ein souveränes, starkes Europa in Zeiten zunehmender geopolitischer Machtverschiebungen kann nur gelingen,
wenn seine Asyl- und Migrationspolitik rechtsstaatlich begründet, wertebasiert und zielorientiert bleibt.

Bisher jedoch konnte das Credo, das Kommissionspräsidentin Ursula von der Leyen in ihrer letzten Rede zur Lage
der EU ausgegeben hat, nicht eingelöst werden: »Humanität
und Sicherheit« wolle man verbinden, um Migration nach
Europa künftig fair, geordnet und menschlich gestalten zu
können. In der Praxis jedoch lautet das Motto immer öfter »Schärfer, härter, restriktiver«, blickt man etwa auf den
Ende 2023 erzielten Asylkompromiss, also die Reform des
Gemeinsamen Europäischen Asylsystems (GEAS), den Ex-
pert_innen als eine schleichende Unterwanderung gelten-
der Asylregeln betrachten (vgl. Krause 2023). Dem steht ein
immer dringlicheres Bestreben des alternden Kontinents
gegenüber, attraktiv(er) für Arbeitskräfte aus dem Ausland
zu werden. Mit jüngst präsentierten Maßnahmen wie dem
EU Talent Pool soll das gerade in Schlüsselbranchen wie der
Pflege und dem Bauwesen gelingen. Wie – wenn überhaupt –
gehen diese divergierenden Politikinteressen zusammen?
Und was bedeutet die Kluft zwischen ihnen für die Zukunft

Europas in Zeiten geopolitischer Machtverschiebungen und demografischer Herausforderungen?

Neue Härte: Wohin bewegt sich die europäische Asylpolitik?

Jüngste Entwicklungen in der Asyl- und Migrationspolitik der Europäischen Union zeitigen tiefgreifende Auswirkungen auf die Kohäsion Europas und die Vision eines gemeinsamen, wertebasierten Vorgehens. Ein hervorstechender Trend dabei ist die Externalisierung von Asylverfahren in Drittländer wie Ruanda, Libyen oder Tunesien. Bisher blieben alle Anstrengungen in diese Richtung jedoch ohne nennenswerten Erfolg, entweder weil sie aus rechtlichen Bedenken in letzter Sekunde gestoppt wurden (Großbritannien), aufgrund fehlender Durchführbarkeit (Dänemark) oder wegen zunehmenden Unwillens seitens des Partnerlands, das sich nicht auf Augenhöhe eingebunden fühlte (Tunesien). Die Blaupause für aktuelle Auslagerungsprojekte bietet seit März 2016 die EU-Türkei-Erklärung, die jedoch seit Längerem beide Seiten nicht mehr vollinhaltlich umsetzen. Kurzfristig mag der Deal, der rein rechtlich ebenso wenig bindend war wie eine simple Presseerklärung, zwar für einen Rückgang der Ankunftszahlen auf europäischem Territorium gesorgt haben (vgl. Spijkerboer 2016), mittel- und langfristig hat er die ungelöste »Migrationsfrage« aber nur zeitlich und geografisch verlagert. Keinesfalls wurde dadurch das Schlepperwesen unterbunden oder das Sterben im Mittelmeer beendet, wie der große Schiffbruch vor Pylos im Juni 2023 mit mehr als 500 Passagieren an Bord exemplarisch verdeutlichte.

Somit mehren sich Belege aus Wissenschaft und Praxis (vgl. Forced Migration Review 2021), dass die Externalisierung von Asylverfahren in der Umsetzung selten effektiv, dafür aber sehr kostspielig ist, zur politischen Destabilisierung in Drittländern beiträgt und Korruption und Klientelismus unterstützt. Zudem wird dadurch die Glaubwürdigkeit Europas als Wertegemeinschaft unterminiert und ihre Erpressbarkeit durch Drittländer steigt, verstehen es diese doch, vor Ort untergebrachte Geflüchtete als Druckmittel in diplomatischen Verhandlungen einzusetzen, wie es der türkische Präsident Erdoğan in der Vergangenheit immer wieder getan hat. Autoritäre Staaten, aber auch zweifelhafte Sicherheitsakteure, allen voran gewinnorientierte Sicherheits- und Technologieunternehmen, an die Migrationsmanagement ausgelagert wird, sehen sich dadurch gestärkt (vgl. Wolff 2021; Gammeltoft-Hansen 2012). Nicht zuletzt geht Externalisierung auch mit schwindender Kontrollmöglichkeit seitens der EU bei Asylentscheidungen einher. Das wirft die Frage auf, wie Verstöße gegen EU- und internationales Recht festgestellt und in weiterer Folge geahndet werden können.

In enger Verschränkung mit Auslagerungsprojekten nehmen datenbasierte Technologien und digitales Grenzmanagement, inspiriert durch jüngste Entwicklungen an der US-mexikanischen Grenze, einen größeren Stellenwert ein. Dort können Migrant_innen aus Lateinamerika nur mehr jenseits der amerikanischen Grenze und mittels einer eigenen App einen Termin bei einer Asylbehörde buchen. Die pro Tag verfügbaren Terminslots sind streng limitiert, der Prozess ist mehrstufig und bedarf einer stabilen, schnellen Internetverbindung – Mangelware in den informellen Lagern entlang der Grenze oder den Squat Homes vieler Migrant_innen. Noch dazu ist ein aktuelles Selfie zur Gesichtserkennung notwendig, dessen Aufnahme jedoch durch den modernen Anwendungen eingeschriebenen *racial bias* erschwert wird: Schwarze und braune Gesichter erkennt die Asyl-App wesentlich schlechter als weiße (vgl. Del Bosque 2023). Es ist nicht unwahrscheinlich, dass diese technologischen »Errungenschaften« alsbald nach Europa importiert werden, wo bereits hybride Grenzüberwachungssysteme zur Anwendung kommen.

Eine weitere Entwicklung, die jedoch im Gegensatz zum Einsatz Künstlicher Intelligenz fast anachronistisch wirkt, ist die Zunahme physischer Mauern, Zäune und Befestigungen an den europäischen Grenzen. Global betrachtet erreicht die Fortifizierung mittlerweile ein Niveau, das jenes zur Zeit des Kalten Krieges bei Weitem übertrifft. Waren in den 1980ern noch weniger als fünf Prozent der nationalstaatlichen Grenzen Mauergrenzen, so sind es heute um die 20 Prozent, Tendenz steigend (vgl. Vallet 2021 und 2016). Das verursacht nicht nur humanitäre, sondern auch ökologische Katastrophen. Fortifizierte Grenzen zwischen Nationalstaaten bewirken, dass manche Tierarten die grüne Grenze nicht mehr passieren können, etwa um zu ihren Brunft- oder Brutplätzen zu kommen oder Futter und Wasser zu finden. Dieser Effekt wurde sowohl für die Grenze zwischen Slowenien und Kroatien als auch zwischen Polen und Belarus nachgewiesen (vgl. Linnell u.a. 2016; Jaroszewicz u. a. 2021).

Der Mauer- und Grenzzaunbau zwischen europäischen Nachbarländern verdeutlicht noch eine weitere Entwicklung in der Asylpolitik. Zusehends kehren die Staaten von ganzheitlichen, gesamteuropäischen Lösungen, die in der Praxis immer schwieriger zu erzielen sind, zugunsten bilateraler Ansätze ab. Das kann im Einzelfall einer durchaus konstruktiven Zielsetzung geschuldet sein, etwa wenn sich einzelne Mitgliedstaaten zu einer Koalition der Willigen zusammenschließen, um sich auf freiwilliger Basis an Relocation-Programmen zur Rückführung von Migrant_innen aus Mittelmeeranrainerstaaten zu beteiligen. Häufiger jedoch sind es bilaterale Abkommen mit Drittstaaten, wie der jüngste Deal zwischen Italien und Albanien, die im Alleingang und ohne Einbindung der Union erzielt werden sollen. Auf Dauer untergräbt das die europäische Kohäsion und birgt das Risiko der Etablierung von Parallelstrukturen, die dazu beitragen können, die Kluft zwischen den Mitgliedstaaten zu vergrößern. Zudem werden in solchen Fällen asylpolitische Maßnahmen als Verhandlungsmasse in Beziehungen zu Drittländern eingesetzt und Gelder der Entwicklungszusammenarbeit an Bedingungen der »Migrationsprävention« geknüpft. Dies hat nicht nur negative Auswirkungen auf die Situation geflüchteter Menschen vor Ort (vgl. Clemens u. a. 2018; Norman u. a. 2023), sondern führt auch zur fortschreitenden Verantwortungsdiffusion Europas.

Schließlich sind die Auswirkungen der europäischen Asylpolitik auf den Schengen-Raum nicht zu vernachlässigen. Aufgrund fehlender gemeinsamer Ansätze für den Umgang mit irregulärer Migration wird das Prinzip der Personenfreizügigkeit weiter untergraben, an zahlreichen Binnengrenzen wurden nach 2015 wieder Grenzkontrollen angeordnet, die – teils mit Unterbrechungen, teils durchgehend – bis heute bestehen. Auch die Blockade der Erweiterung des Schengen-Raums um Rumänien und Bulgarien wurde mit dem dysfunktionalen europäischen Asylsystem, steigenden Ankunftszahlen und dem grassierenden Schlepperwesen in Verbindung gebracht, selbst wenn die empirische Evidenz für diesen Kausalzusammenhang fehlt. Exemplarisch verdeutlicht die Debatte über die jüngste Schengen-Erweiterung, wie sehr eine fehlgeleitete, mangelhafte und ineffektive Asylpolitik die tragenden Säulen des europäischen Miteinanders berührt und droht, zukünftige Weichenstellungen in der fortschreitenden Integration zu verhindern.

Schleichende Aushöhlung der Rechtsstaatlichkeit

Vor dem Hintergrund dieser großen migrationspolitischen Trends ist auch der Ende 2023 erzielte Asylkompromiss zu bewerten, der die groben Leitlinien der europäischen Migrationspolitik in den kommenden Jahren und Jahrzehnten vorgeben soll. Tatsächlich kommt vieles dessen, was in nächtlichen Sitzungsmarathons beschlossen wurde, auf dem Papier einer Verschärfung bestehender Regelungen gleich. Der Zugang zu Asylverfahren in der EU wird erschwert, es sind haftähnliche Lager an den Außengrenzen geplant, selbst für Kinder, zudem bekommen Geflüchtete zukünftig ein Preisschild. 20.000 Euro pro Flüchtling soll ein Mitgliedstaat künftig zahlen, damit dieser in einem anderen Land behalten wird. Das eröffnet die mitunter bequeme Möglichkeit, sich der Asylverantwortung zu entziehen und die Unterbringung, Versorgung und Integration von Schutzsuchenden anderen, willigen Ländern zu überlassen – solange es diese »Willigen« (in der Vergangenheit oft die Achse Frankreich, Deutschland, Luxemburg und Portugal) überhaupt noch gibt. Doch selbst diesen Minimalkompromiss, von der Kommission als »flexible Solidarität« gepriesen, möchten manche Mitgliedstaaten, allen voran Ungarn, nicht mittragen.

Tatsächlich stellt die pauschale Blockadehaltung Viktor Orbáns und anderer Staats- und Regierungschefs die Sollbruchstelle des europäischen Asylwesens dar. Denn sie führte in den letzten Jahren zu einer schleichenden Aushöhlung der Rechtsstaatlichkeit im Bereich der humanitären Migration. Europa fehlte es bereits vor der GEAS-Reform nicht an (teilweise sogar sinnvollen) Regeln zur Steuerung und zum Management von Fluchtbewegungen – allein, viele davon kamen seit Jahren nicht mehr zur Anwendung, wurden im nationalen Alleingang ausgesetzt, unterwandert oder schlicht ignoriert. Sanktionen bei offenkundigen Verstößen gegen internationales und EU-Recht blieben in den meisten Fällen aber aus, was eine fatale Signalwirkung auf »regeltreue« Länder zur Folge hatte.

Als Negativbeispiel sei wiederum auf Ungarn verwiesen. Mittlerweile besagen mehrere EuGH-Urteile, dass die ungarischen Asylregeln zu restriktiv seien und damit gegen geltendes EU-Recht verstießen. Denn nicht nur, dass Ungarn seit 2015 einen hoch militarisierten, mit Drohnen und Wärmesensoren überwachten und teilweise unter Strom stehenden, doppelreihigen Zaun an der Grenze zu Serbien errichtet hat, es hat auch die Praxis der völkerrechtswidrigen Pushbacks durch nationales Recht »legalisiert«. Als Pushbacks bezeichnet man das Zurückdrängen von Schutzsuchenden nach Grenzübertritt, ohne ihr Asylansuchen entgegenzunehmen. Sie stellen einen Verstoß gegen das Non-Refoulement-Prinzip (Grundsatz der Nichtzurückweisung) dar, ein Kernelement der Genfer Flüchtlingskonvention: Es besagt, dass jeder Mensch ein Recht auf Annahme seines Asylgesuchs hat (vulgo »Recht auf Schutz«).

Bereits im Dezember 2020 lag das erste Urteil des Europäischen Gerichtshofs (EuGH) vor, das diese Praxis als klar EU-rechtswidrig benannte, denn dadurch würde der Zugang zum internationalen Schutzverfahren beschränkt und es Geflüchteten quasi verunmöglicht, einen Asylantrag auf ungarischem Territorium zu stellen. Sobald die Grenzpolizei sie aufgreift, werden sie umgehend nach Serbien zurückgewiesen. All jene, die nicht unmittelbar nach Grenzübertritt der Polizei in die Hände fallen, werden nach Österreich weitergewinkt. Das sorgte im Jahr 2022 für eine eklatant auseinanderklaffende Asylstatistik in den beiden benachbarten Ländern: Während in Ungarn nur knapp 50 Asylanträge gestellt wurden, waren es in Österreich 112.000, mehr als im »Rekordjahr« 2015 (mit 88.000 Anträgen) (vgl. BMI 2023). Allein diese beiden Zahlen verdeutlichen, wie es um die Solidarität in der Union bestellt ist.

Dieses Urteil erkannte Ungarn schlichtweg nicht an. Man zog vor den (eigenen!) Verfassungsgerichtshof, der mit seinem Urteil ein knappes Jahr später die Nichtumsetzung des EU-Rechts rechtfertigte. Man entzöge, so die Argumentation, der der Ministerpräsident erfreut folgte, den Ungar_innen ihr »Recht auf Heimat«, wenn man ihre Heimat nicht vor »illegalen Migrant_innen« schützen würde. Denn durch die Ankunft vieler Fremder werde gegen »die Identität des Einzelnen« verstoßen, dessen traditionelles »soziales Umfeld« gewahrt werden müsse (vgl. Knaus 2022). Unschwer ist in dieser gepflegten juristischen Ausdrucksweise die rechtsextreme Verschwörungstheorie des *great replacement*, des großen Bevölkerungsaustauschs, zu erkennen, die Orbán wie kein anderer in Europa in den politischen Mainstream brachte.

Als Reaktion auf die Blockadehaltung Ungarns und das Urteil seines eigenen Verfassungsgerichtshofs brachte die Kommission das Land wegen Nichtumsetzung erneut vor den EuGH. Und erneut entschied dieser, dass Ungarn geltendes EU-Recht auch im Bereich Asyl umzusetzen habe, was bislang immer noch nicht der Fall sei. Nun drohen Sanktionen in Form empfindlicher Geldstrafen, doch wie hoch diese ausfallen werden, ist Anfang 2024 noch Gegenstand von Verhandlungen. Ungeachtet dessen sind österreichische Beamte im Rahmen mehrerer Operationen an der ungarisch-serbischen Grenze im Einsatz, um beim »Kampf gegen illegale Migration« zu unterstützen (Der Standard 2022). Ob sie sich dabei auch an der illegalen Praxis der Pushbacks beteiligen, konnte das österreichische Innenministerium bis zuletzt nicht beantworten.

Doch nicht nur in Ungarn, auch in anderen Mitgliedstaaten werden geltende Asylbestimmungen wie etwa die EU-Aufnahmerichtlinie nur unzureichend, teilweise oder gar nicht umgesetzt. Vom Rest Europas gefühlt alleingelassen, hat Griechenland die Aufnahme- und Unterbringungsstandards für Asylbewerber_innen, aber selbst für Asylberechtigte – also Menschen mit anerkanntem Schutzstatus – nach unten nivelliert, was zu hoher Obdachlosigkeit und katastrophalen Bedingungen auf den Inseln, aber auch auf dem Festland, allen voran in der Hauptstadt Athen, geführt hat. Das sorgt dafür, dass ankommende Schutzsuchende innerhalb kürzester Zeit auf eigene Faust weiterreisen, meist über die Balkanroute in Richtung nördlicher und westlicher EU.

Und Dänemark, oft gelobt für seine restriktive Einwanderungspolitik und Kürzung der Sozialleistungen für Migrant_innen, konnte – neben steigender Kriminalität und Armut (vgl. Andersen u. a. 2019) – nur deshalb einen Rückgang von Ankunftszahlen verzeichnen, weil der Migrationsstrom auf andere, benachbarte Länder (allen voran Deutschland) umgelenkt wurde. Durch diesen schleichenden »Wettbewerb nach unten« verteilt sich der Migrationsdruck immer ungleicher auf jene Länder, die ihrer Asylverantwortlichkeit noch nachkommen, auch wenn immer mehr von ihnen in das Unterbietungskonzert einstimmen. Auf Dauer geht das zulasten der ohnehin bröckelnden europäischen Solidarität.

Daher lässt sich die Reaktion Europas seit der sogenannten Flüchtlingskrise 2015/16 als eine Kluft zwischen normativen Erwartungen und praktischen Fähigkeiten interpretieren, die die Legitimität der EU gefährde und zu »organisierter Heuchelei« führe, wie die Schweizer Politikwissenschaftlerin Sandra Lavenex argumentiert: Es habe sich eine unbewusste Strategie herausgebildet, um mehrere miteinander unvereinbare Anforderungen im Bereich Asyl zu bewältigen, nämlich einerseits Normen und Werte aufrechtzuerhalten und andererseits auf die politischen Präferenzen der Mitgliedstaaten sowie die Prioritätensetzung der Europäischen Union ausreichend einzugehen (vgl. Lavenex 2018). Das resultiere, so Lavenex, in inkohärentem Handeln und dem zunehmenden Eindruck der Unaufrichtigkeit, getreu dem Motto »Wasser predigen und Wein trinken«. Für die Wahrnehmung der Europäischen Union von außen (durch Drittstaaten als wichtige Partner und Verbündete in geopolitischen Grundsatzfragen, darunter auch in der Migration) und innen (durch die Unionsbürger_innen als Souverän) ist das ein fatales Signal. Die wachsende Kluft zwischen dem, was die EU vorgibt zu tun (Aufrechterhaltung von Grund- und Freiheitsrechten), und dem, was sie tatsächlich tut (Verhinderung des Zugangs zum Schutz), unterwandert damit immer mehr die Glaubwürdigkeit Europas als regu- latorischer Supermacht. Durch die fortschreitende Erosion des Grundsatzes der Nichtzurückweisung, durch einen er- schwerten Zugang zu regulären Asylverfahren und durch sanktionslos bleibende Grundrechtsverletzungen wird der europäische Einsatz für Menschenrechte und Rechts- staatlichkeit in (mitunter autoritär regierten) Drittstaaten unterminiert. Partnerstaaten in Afrika und dem Nahen und Mittleren Osten können schwerer davon überzeugt werden, europäische Prinzipien und Interessen zu akzeptieren. Dies gilt insbesondere in Bezug auf einen menschenrechtskon- formen Grenzschutz und die Rücknahme abgelehnter Mig- rant_innen, die man seit Jahren forcieren möchte (vgl. Koh- lenberger u. a. 2023).

Die offenkundige Kluft zwischen (Asyl-)Anspruch und Realität führt aber nicht nur zu einem Vertrauensverlust von außen und von innen, sondern weicht auch in anderen Bereichen das Prinzip der Rechtsstaatlichkeit auf. Nicht nur im Asylwesen hat der Grundrechtsschutz gelitten (vgl. Tsourdi 2021). Tatsächlich wirkt die Rechtsstaatlichkeit in Ländern wie Polen, Griechenland und Ungarn immer öfter wie eine vage Empfehlung statt wie ein grundlegendes de- mokratisches Prinzip. Die Unabhängigkeit von Medien und Justiz steht dort ebenso zur Disposition wie die reproduk- tiven Rechte von Frauen oder der Schutz von LGBTQ-Per- sonen. In der Rangliste der Rechtsstaatlichkeit des World Justice Project belegen die Genannten deshalb nur hintere

Plätze, Ungarn sogar nach Ruanda, Tunesien und den Vereinigten Arabischen Emiraten (vgl. World Justice Project
2022). Damit werden europäische Bürger_innen kollektiv
daran gewöhnt, dass Rechtsbrüche nicht geahndet werden
und dass Unrecht sanktionslos bleibt. Dabei hat die Geschichte Europas hinreichend gezeigt, dass die schleichende
Beschneidung der Rechte marginalisierter Gruppen in der
Gesellschaft rasch ein Einfallstor für illegitime Tendenzen
und Verletzungen der Grund- und Freiheitsrechte aller bilden kann (vgl. Ther 2017). Somit steht es schon im aufge-
klärten Eigeninteresse Europas, dafür Sorge zu tragen, dass
jene Regeln, die man sich selbst gegeben hat und in anderen
Weltgegenden zu verteidigen vorgibt, auch eingehalten werden.

Zwischen Festungsrhetorik und demografischem Wandel: das Migrationsdilemma Europas und wie wir es überwinden können

Zusätzlich zu den strukturellen Mängeln der Rechtsdurch-
setzung ist Europa in einem Policy-Dilemma gefangen, na-
vigiert es doch zwischen zwei Extremen in der Migrationspolitik. Einerseits unternimmt Europa alles in seiner Macht
Stehende, um Fremde fernzuhalten. Grenzbefestigungen,
Mauern und Zäune, Abschreckungspolitik durch die Externalisierung von Asylverfahren in Drittstaaten, die Krimina-
lisierung von NGO-Rettungsmissionen im Mittelmeer und
zuletzt die Verschärfungen im Zuge der Asylreform signali-
sieren einen Mangel an Offenheit und den Willen, sich abzuschotten. Die EU schließt ihre Grenzen, sowohl wörtlich
als auch metaphorisch, weil sie als »zu attraktiv« gilt, wie

medial immer wieder hochkochende Debatten über den Pull-Faktor, den Sozialleistungen oder allzu leicht zu erlangende Schutzgewährungen darstellen würden, suggerieren (vgl. Stierl 2023).

Gleichzeitig befindet sich Europa in einem zunehmenden Wettbewerb mit anderen Zielländern und muss allmählich erkennen, dass es, entgegen landläufigen Annahmen, nicht die weltweit attraktivste Region für Arbeitsmigrant_innen darstellt (vgl. OECD 2023a). Tatsächlich schaffte es im Jahr 2023 nur ein einziges EU-Land, Schweden, unter die Top 5 der attraktivsten Zielländer für hoch qualifizierte Arbeitskräfte. Die fehlende Attraktivität Europas für sogenannte *global talents* ist ein direktes Resultat fehlender beziehungsweise fehlgeleiteter politischer Reformen im Bereich der Arbeitsmigration, wie der jüngste Bericht zur »Talent Attractiveness« innerhalb der OECD nahelegt (vgl. OECD 2023b). Dies schafft einen paradoxen Diskurs und eine mitunter schizophrene Haltung zur Migration, oszillierend zwischen zwei gleichermaßen illusorischen Extremen: »Alle wollen nach Europa« (und wir müssen sie fernhalten, das heißt »die Boote stoppen«) versus »Niemand will nach Europa« (und wir müssen alles in unserer Macht Stehende tun, um sie anzulocken).

Die oft angestrebte Unterscheidung zwischen »richtigen« und »falschen« Migrant_innen greift in der Realität zu kurz, wird dadurch doch das Grundübel – nämlich fehlgeleitete Migrationspolitik – nicht ausreichend berücksichtigt. Erstens verkennt eine solche Unterscheidung, dass es nicht Universitätsprofessor_innen, Jurist_innen und Biochemiker_innen sind (auf welche bestehende Visa- und andere Einwanderungsregime abgestimmt sind), die EU-Arbeitsmärkte am dringendsten benötigen. Der größte Mangel an Arbeitskräften herrscht in mittel- und niedrigqualifizierten Jobs. Benötigt werden Schweißer_innen, Ingenieur_innen, Krankenpfleger_innen, Bauarbeiter_innen, Lastwagenfahrer_innen und Schaffner_innen (vgl. European Commission 2023). Das erkannte zuletzt auch der Vizepräsident der Kommission und Kommissar für die Förderung des europäischen Lebensstils, Margaritis Schinas, in einem Gastkommentar an: »In Wahrheit braucht Europa zurzeit eher Lkw-Fahrerinnen und Lkw-Fahrer als Raketenwissenschaftlerinnen und -wissenschaftler.« (Schinas 2023) Nur sind diese Lkw-Fahrer_innen, zynisch gesprochen, ohne legale Arbeitsmigrationsmöglichkeiten in ihren Herkunftsländern gefangen oder aber ertrinken im Mittelmeer wegen fehlender sicherer Fluchtwege nach Europa.

Zweitens zeigen Studien, dass es einen direkten Zusammenhang zwischen der Asylpolitik (und -rhetorik) eines Landes und seiner Attraktivität für hoch qualifizierte Expats gibt. Ein anhaltender Antimigrationsdiskurs und restriktive nationale Gesetzgebung rund um die (humanitäre) Einwanderung »unerwünschter« Migrant_innen und Flüchtlinge könnten auch die Migrationsabsichten hoch qualifizierter ausländischer Arbeitskräfte beeinflussen, wie eine Studie der Universität Oxford nahelegt (vgl. Duch u. a. 2019). Als der ehemalige US-Präsident Donald Trump zu Beginn seiner Amtszeit den berüchtigten *Muslim ban* einführte, um Einwanderung aus islamischen Ländern wie dem Iran, dem Irak und Syrien stark einzuschränken, hatte das Auswirkungen auf die Migrationsabsichten gut ausgebildeter und wohlhabender Personen aus industrialisierten Ländern, auf die die amerikanische Wirtschaft von jeher stark angewiesen ist.

Eine Erhebung unter britischen Universitätsabsolvent_innen, die nach ihrem Abschluss im Ausland arbeiten wollten, zeigte, dass diese aufgrund von Trumps Einwanderungspolitik und der Abschiebung irregulärer Migrant_innen nach Mexiko davor zurückschreckten, in die USA auszuwandern, obwohl die neuen Maßnahmen sie persönlich nicht betrafen. Dennoch wurden auch für sie die Vereinigten Staaten als Zielregion weniger attraktiv, obwohl man ihnen Anreize in Form von Umzugskosten, Arbeit und Wohnen bot. Dieser negative Effekt einer Anti-Einwanderungshaltung auf tatsächliche Migration, unabhängig von Kategorie und Qualifikationsniveau, wurde nicht nur für die USA, sondern auch für die EU nachgewiesen. Nehmen negative Einstellungen von Einheimischen zu, so reduziert das nachweislich die Einwanderungswilligkeit, was als Hindernis für die Anwerbung von Talenten aus dem Ausland wirken kann (vgl. Di Iasio u. a. 2023).

Die Förderung »gewünschter«, qualifizierter Migration funktioniert also nur in Verbindung mit einer allgemeinen Willkommenskultur und einer den Grundrechten verhaftet bleibenden Einwanderungspolitik, unabhängig von der Migrationskategorie. Dies erfordert eine enge Zusammenarbeit mit verwandten Politikfeldern wie der Sicherheits-, Handels-, Asyl- und Sozialpolitik sowie der Landwirtschaft. Denn die Vereinbarkeit der steigenden Nachfrage nach Arbeitsmigration mit dem Wunsch, die irreguläre Migration zu verringern und Rückführungen zu fördern, stellt eine der dringendsten Herausforderungen für ein souveränes, starkes Europa dar. Mit seiner rapide alternden Bevölkerung und sinkenden Geburtenraten kann es sich Europa nicht länger leisten, widersprüchliche Signale an Drittstaatsange-

hörige zu senden. Strategien für geordnete, sichere Arbeits-
und humanitäre Migration müssen daher Hand in Hand gehen, wenn der europäische Zusammenhalt, der Wohlstand
und die Lebensqualität erhalten werden sollen.

Literatur

Bundesministerium für Inneres (2023), Asyl-Statistik 2022,
    https://www.bmi.gv.at/301/Statistiken/.

Clemens, Michael A. und Hannah M. Postel (2018), Deterring Emi-
    gration with Foreign Aid: An Overview of Evidence from Low-In-
    come Countries, in: Population and Development Review 44, 4,
    S. 667–693.

Del Bosque, Melissa (2023), Facial Recognition Bias Frustrates Black
    Asylum Applicants to US, Advocates Say, in: The Guardian,
    https://www.theguardian.com/us-news/2023/feb/08/us-
    immigration-cbp-one-app-facial-recognition-bias.

Der Standard (2022), »Operation Fox«: 30-köpfige Polizeieinheit aus
    Österreich bald in Ungarn im Einsatz,
    https://www.derstandard.at/story/2000141705040/offene-fragen-
    zu-oesterreichischem-polizeieinsatz-in-ungarn.

Di Iasio, Valentine und Jackline Wahba (2023), Natives' Attitudes and
    Immigration Flows to Europe, in: Discussion Paper Series, Insti-
    tute of Labor Economics.

Duch, Raymond M. u. a. (2019), Where Will the British Go? And
    Why?, in: Social Science Quarterly 100, 2, S. 405–523.

European Commission (2023), Employment and Social Develop-
    ments in Europe 2023: addressing labour shortages and skills gaps

in the EU, Annual review, https://www.oecd.org/migration/talent-attractiveness/.

Forced Migration Review (2021), Externalisation/Mobility and agency in protracted displacement, 68, https://www.fmreview.org/externalisation/contents.

Gammeltoft-Hansen, Thomas (2012), The rise of the private border guard, in: Gammeltoft-Hansen, Thomas und Ninna Nyberg Sørensen (Hrsg.), The Migration Industry and the Commercialization of International Migration, London.

Grillmeier, Franziska (2023), Die Insel: Ein Bericht vom Ausnahmezustand an den Rändern Europas, München.

Højsgaard Andersen, Lars, Christian Dustmann, Rasmus Landersø (2019), Lowering Welfare Benefits: Intended and Unintended Consequences for Migrants and their Families, in: Discussion Paper Series, Centre for Research and Analysis of Migration.

Jaroszewicz, Bogdan, Katarzyna Nowak, Michał Żmihorski (2021), Poland's Border Wall Threatens Ancient Forest, in: Science 374, 6571, S. 1063.

Knaus, Gerald (2022), Wir und die Flüchtlinge, Wien.

Kohlenberger, Judith, Lena Laube, Daniele Saracino (2023), Das Gegenteil eines Durchbruchs: Analyse und Kritik der wichtigsten Aspekte des Ratsbeschlusses zur Asylrechtsreform, https://www.oiip.ac.at/publikation/das-gegenteil-eines-durchbruchs-analyse-und-kritik-der-wichtigsten-aspekte-des-ratsbeschlusses-zur-asylrechtsreform/.

Krause, Ulrike (2023), Fluchtforschung gegen Mythen 8, in: FluchtforschungsBlog, Netzwerk Fluchtforschung, https://fluchtforschung.net/fluchtforschung-gegen-mythen-8/.

Linnell, John D. C. u.a. (2016), Border Security Fencing and Wildlife: The End of the Transboundary Paradigm in Eurasia?, in: PLOS Biology 14, 6, e1002483, https://doi.org/10.1371/journal.pbio.1002483.

Norman, Kelsey P. und Nicholas R. Micinski (2023), The European Union's migration management aid: Developing democracies or supporting authoritarianism?, in: International Migration 61, S. 57–71.

OECD (2023a), What is the best country for global talents in the OECD?, Migration Policy Debates, https://fluchtforschung.net/migration-magnets-migration-myths-the-pull-factor-mirage/.

OECD (2023b), Talent Attractiveness 2023, https://www.oecd.org/migration/talent-attractiveness/.

Schinas, Margaritis (2023), Europa sucht Arbeitskräfte – dringend!, in: Der Standard, https://www.derstandard.at/story/3000000195993/europa-sucht-arbeitskraefte-dringend.

Spijkerboer, Thomas (2016), Fact Check: Did the EU-Turkey Deal Bring Down the Number of Migrants and of Border Deaths?, in: Faculty of Law Blogs, University of Oxford, https://blogs.law.ox.ac.uk/research-subject-groups/centre-criminology/centreborder-criminologies/blog/2016/09/fact-check-did-eu.

Stierl, Maurice (2023), Migration Magnets, Migration Myths: The Pull Factor Mirage, in: FluchtforschungsBlog, Netzwerk Fluchtforschung,
https://fluchtforschung.net/migration-magnets-migration-myths-the-pull-factor-mirage/.

Ther, Philipp (2017), Die Außenseiter: Flucht, Flüchtlinge und Integration im modernen Europa, Berlin.

Tsourdi, Evangelia (2021), Asylum in the EU: One of the Many Faces of Rule of Law Backsliding?, in: European Constitutional Law Review, 17, 3, S. 471–497.

Vallet, Élisabeth (2016), Borders, Fences and Walls: State of Insecurity?, London/New York.

Vallet, Élisabeth (2021), State of Border Walls in a Globalized World, in: Bissonette, Andréanne und Élisabeth Vallet (Hrsg.), Borders and Border Walls: In-Security, Symbolism, Vulnerabilities, London/ New York, S. 7–24.

Wolff, Sarah (2021), The Security Sector Governance–Migration Nexus: Rethinking how Security Sector Governance matters for migrants' rights, London.

World Justice Project (2022), WJP Rule of Law Index 2022, https:// worldjusticeproject.org/rule-of-law-index/global/2022.

Populismus verstehen. Für eine wehrhafte Demokratie in Europa

Von Marcel Lewandowsky

Populismus und Demokratie

Würde man unter einer Reihe von Bürger_innen eine Umfrage dazu durchführen, was sie unter Populismus verstehen, würde man vermutlich Antworten erhalten, die in etwa so ausfallen: Populismus heißt, dem Volk nach dem Mund zu reden. Populismus heißt, volkstümlich aufzutreten. Populismus heißt, unseriöse Versprechen zu machen. Und so weiter. Solche Begriffsvorstellungen kursieren in den Medien ebenso wie in der Politik selbst. Viele berühren den Kern dessen, was man in der Forschung unter Populismus versteht; manch andere sind zumindest missverständlich.

Es gibt einige Autor_innen, für die der Populismus eine Art Wiedergänger des Faschismus ist (Finchelstein 2017). Er ist gewissermaßen der Faschismus in einer Verkleidung, die er sich anlegen musste, weil er nach dem Zweiten Weltkrieg aus gefestigten Demokratien heraus operierte. Aber letztlich, so das Argument, versuchen die Populist_innen ebenso, sich die Institutionen der liberalen Demokratie untertan zu machen, um eine autoritäre Herrschaft zu etablieren.

Ohne sie im Detail erörtern zu können, sollte nicht verschwiegen werden, dass die Anhänger_innen dieser Deutung valide Argumente auf ihrer Seite haben. Schaut man nach Ungarn oder – zumindest bis Ende 2023 – nach Polen, dann wird deutlich, dass Populist_innen an der Macht häufig ein illiberales Programm umsetzen, das Verfassungsgerichte und Medien unter die Kontrolle der Regierung stellt und den gesellschaftlichen Pluralismus aushöhlt. Dennoch hat der Populismus als illiberale Demokratievorstellung eine eigene, wenn auch »dünne« ideologische Qualität. Cas Mudde (2021) hat ihn als »illiberal democratic response to undemocratic liberalism« bezeichnet. Anders ausgedrückt: Populist_innen haben sich die »Rettung« der immer weniger »demokratisch« werdenden Demokratie auf die Fahnen geschrieben, tun dies aber aus einer Position heraus, die den Prinzipien der *liberalen* Demokratie zuwiderläuft.

Diese Illiberalität hängt mit den beiden Kerndimensionen zusammen, die den Populismus ausmachen (Mudde 2004). Zum einen machen sich Populist_innen zu Fürsprecher_innen des »wahren« Volkes. Dieses Volk ist ihnen zufolge in zweierlei Weise »homogen«. Erstens durch die Vorstellung, dass die »schweigende Mehrheit«, diejenigen, die für die Identität des Volkes relevant sind, gemeinsame Interessen hat. Zweitens ist das »Volk« im populistischen Denken durch eine gemeinsame Identität definiert. Diese kann vage bleiben; sie muss mitnichten, wie etwa im Faschismus, auf eine voll entwickelte rassistische oder antisemitische Ideologie zurückgreifen. Die Identität des Volkes ist im Populismus moralischer Natur; es gilt als gut, anständig, folge »wahren« und »ursprünglichen« Werten. Als »Heartland« bezeichnet Paul Taggart (2004) diese Idealisierung des Volkes. Sie beruht auf der Mystifizierung eines »Urzustands«, der in einer unbestimmten Vergangenheit liegt: jenem sprichwörtlichen »Damals, als alles besser war«.

Aus diesem Denkmodell heraus schließt der Populismus an eine Ideologie an, die ihn auf gesellschaftlicher Ebene zwischen Freund und Feind unterscheiden lässt. Grundsätzlich kann zwischen inklusiven (linken) und exklusiven (rechten) Grundformen des Populismus unterschieden werden (Mudde/Rovira Kaltwasser 2013). Während inklusive Varianten darauf abzielen, den Volksbegriff auf alle ökonomisch Deprivierten und damit politisch Machtlosen zu erweitern, wollen exklusive Varianten ihn auf die autochthonen Mitglieder der Bevölkerung verengen. Gemein ist ihnen, dass sie die von ihnen bestimmte Gruppe zum »wahren« Volk erklären, ihr einen gemeinsamen Willen unterstellen und demokratische Verhältnisse nur dann gegeben sehen, wenn der Wille dieses Volkes – den die Populist_innen selbst vertreten – umgesetzt wird. Jeder Form des Populismus wohnt also sowohl eine antiinstitutionalistische als auch eine antipluralistische Tendenz inne (Müller 2016). Deshalb lässt sich Populismus als illiberale Demokratievorstellung beschreiben.

Diese mündet, je nachdem, welchen Status populistische Parteien innehaben, in drei verschiedene Strategien. Sind die Populist_innen in der Opposition, dann befinden sie sich gewissermaßen auf einer Rettungsmission für die Demokratie gegen »die da oben«, denen sie vorwerfen, »das Volk« verraten zu haben. Sind sie an der Regierung, dann legitimieren sie mithilfe der Erzählung, durch sie sei das Volk selbst an der Macht, ihre verfassungs- und demokratiepolitischen Reformen. Verlieren die Populist_innen ihr

Mandat, dann bietet der Populismus die Rechtfertigung des »Widerstands« gegen die Eliten, die die wahren »Volksvertreter_innen« vermeintlich nur durch Tricks und Wahlbetrug von der Macht entfernen konnten. Dies kann, wie die Umsturzversuche der Anhänger_innen Donald Trumps in den USA und Jair Bolsonaros in Brasilien gezeigt haben, bis zur Legitimation politischer Gewalt führen.

Erfolgsbedingungen

Der Blick auf die deutsche politische Lage Anfang 2024 zeigt ein grundlegendes Problem bei der Deutung der populistischen Wahlerfolge auf. Angesichts der zumindest bis Anfang 2024 steigenden Umfragewerte und regionalen Wahlerfolge der AfD wird in der Bundesrepublik zunehmend die Frage diskutiert, was Menschen motiviert, einer rechtspopulistischen Partei ihre Stimme zu geben. Eine immer wieder vorgebrachte Deutung ist die, dass die Rechtspopulist_innen vom Unmut der Bürger_innen über die aktuelle Regierungspolitik profitieren. Die schlechte Performance der aktuellen Bundesregierung sei der Grund dafür, dass Bürger_innen aus Protest die Rechtspopulist_innen wählen. Allerdings muss dieses Argument aus zweierlei Hinsicht verwundern. Denn einerseits ist die AfD inzwischen eindeutig positioniert und verfügt über ein klar rechtsradikales und populistisches Profil, sodass eine Entscheidung für diese Partei schwer vorstellbar ist, wenn nicht zumindest eine gewisse Offenheit gegenüber ihren Positionen besteht. Andererseits existiert im pluralistischen Parteiensystem der Bundesrepublik eine ganze Reihe von Alternativen zur ursprünglich präferierten Partei. Dass die Wahl der AfD allein ungerichteter Protest wäre, lässt sich nur schwerlich argumentieren.

Schon für die Bundestagswahl 2013 (Schwarzbözl/Fatke 2016) und die Europawahl 2014 (Wagner u. a. 2020), als die AfD mit einem noch nicht so eindeutig rechtspopulistischen Profil auftrat, lassen sich starke inhaltliche Motive für ihre Wahl empirisch nachweisen. Bereits 2017 verfügt die AfD von allen Parteien über die loyalste Wählerschaft – sie ist am wenigsten bereit, eventuell einer anderen Partei die Stimme zu geben (Lewandowsky/Wagner 2023).

Warum aber gelingt es den Rechtspopulist_innen, Anhänger_innen zu gewinnen? Hawkins u. a. (2020) betonen, dass die entsprechenden Parteien populistische Einstellungen weniger vermitteln als »aktivieren«. Sie schaffen sich ihr Angebot nicht selbst, sondern profitieren davon, dass ihre Politikinhalte auch tatsächlich nachgefragt werden. Die Ursachen dieser gestiegenen Nachfrage nach populistischen Angeboten liegen in der Wahrnehmung externer Krisen, die zu individueller Angst vor dem Verlust des sozialen Status und der gesellschaftlichen Identität führen. Diese Ängste schließen an drei große Veränderungen an, mit denen die westlichen – und verspätet auch die mittel- und osteuropäischen – Gesellschaften seit etwa den 1970er-Jahren konfrontiert sind (Decker 2004: 27–28). Der wirtschaftliche Wandel von der Industrie- zur Dienstleistungsgesellschaft geht mit der Auflösung traditioneller Milieus und der Auslagerung bestimmter Tätigkeiten ins Ausland einher. Die Globalisierung, die sich hier als internationale Arbeitsteilung zeigt, resultiert im Absterben ganzer Industriezweige und Massenarbeitslosigkeit. Regierungen beantworteten diese Herausforderung mit der Reform ihrer Wohlfahrtsstaaten und der Flexibilisierung der nationalen Arbeitsmärkte. Der Rückbau sozialstaatlicher Gratifikationen erhöht jedoch auch Unsicherheit und die Angst vor Statusverlust.

Hinzu kommen zweierlei gesellschaftliche Veränderungen (Norris/Inglehart 2019). Einerseits sehen wir mit Blick auf Lebensstile eine deutliche Liberalisierung innerhalb der westlichen Gesellschaften seit etwa den 1970er-Jahren. Sexuelle Identitäten haben, nicht zuletzt durch ihre eigenen Kämpfe, nach und nach mehr Sichtbarkeit, Toleranz und rechtliche Gleichstellung erfahren. Diese Kämpfe sind auch noch nicht abgeschlossen; sie erfahren in Gestalt der queeren Community und etwa der Diskussion über die Rechte von Transpersonen neue Relevanz. Andererseits waren die westlichen Staaten seit etwa den 1960ern das Ziel von Arbeitsmigration. Sollte diese etwa in Deutschland zeitlich begrenzt sein, so wurden die Migrant_innen aus der Türkei, Italien und anderen Ländern sesshaft und brachten ihre Sprache, Kultur und Religion mit. Der Umgang mit dem Islam wurde für den Rechtspopulismus insbesondere nach dem 11. September 2001 zu einem Gewinnerthema. Die Kampagnen von Parteien wie der Schweizerischen Volkspartei (SVP), die für einen ausgrenzenden Kurs standen, wurden Vorbilder für ihre Schwesterparteien in Europa. Die Rechtspopulist_innen profitierten von Ängsten, aber auch von offener Ablehnung gegenüber gesellschaftlichen Minderheiten, die sich angesichts ökonomischer Krisen insbesondere in sozialkonservativen Milieus entfalteten, für die der Kampf um die eigene Hegemonie immer bedeutsamer wurde (ebd.).

Die »Aktivierung« populistischer (und teils auch autoritärer) Einstellungen geht darauf zurück, dass es auf politischer Ebene nicht gelungen ist, die aus der ökonomischen, sozialen und kulturellen Transformation resultierenden Unsicherheiten und Ängste aufzufangen (Decker 2004: 28). Zum einen sind die Gestaltungsmöglichkeiten der politischen Parteien auf der nationalen Ebene zunehmend begrenzt. Zum anderen sind die Parteien selbst Leidtragende eines gesellschaftlichen Wandels, der auch im allmählichen Rückgang der Bindungen an Großorganisationen besteht. Zugespitzt formuliert: Die Parteien sind gezwungen, die größer werdende Zahl von Wechselwähler_innen für sich zu gewinnen, deren Loyalität sie nicht gewiss sein können. Politische Handlungsspielräume sind aber angesichts tatsächlicher Sachzwänge und institutioneller Schranken in komplexen Demokratien verengt. Frust über Politik, die »viel verspricht, aber nichts hält«, ist das Ergebnis.

Die daraus resultierende Unzufriedenheit mit der Demokratie füllen die Rechtspopulist_innen mit einem doppelten Angebot. Der Populismus besteht dabei in dem Versprechen, die herrschende Politik als »undemokratisch« zu geißeln und »echte« Demokratie wiederherzustellen. Die rechte Ideologie greift Skepsis und Ablehnung gegenüber Migration ebenso auf wie Xenophobie und Rassismus. Es ist das Zusammenwirken beider Einstellungsmerkmale, das die Wahl dieser Parteien begünstigt (van Hauwaert/van Kessel 2018) und zur mittelfristigen Bindung ihrer Wähler_innen führt (Lewandowsky/Wagner 2023). Ein »typisches« sozioökonomisches Profil rechtspopulistischer Wähler_innen gibt es indes nicht (Rooduijn 2018). Zwar kann man etwa für die Trump-Wähler_innen in den USA zeigen, dass es sich dabei häufig um weiße, männliche Mitglieder der Arbeiter_innenschicht handelt, aber eben solche, die überdurchschnittlich häufig rassistische und frauenfeindliche Einstellungen an den Tag legen (Schaffner u. a. 2018).

Ein oft unterschätzter Aspekt liegt in der sinkenden Bedeutung, die viele Bürger_innen der Demokratie beimessen. Gerade für Jüngere ist es immer weniger wichtig, in einer Demokratie zu leben (Foa/Mounk 2016). Gleichzeitig zeigt sich eine große Bereitschaft, illiberale Politiker_innen bei Wahlen zu unterstützen, sei es aus Parteiloyalität (Graham/Svolik 2020) oder aufgrund der Unterstützung bestimmter politischer Positionen (Lewandowsky/Jankowski 2023). Der zweite Befund gilt über ideologische Grenzen und Parteilager hinweg und ist auch mit Blick auf Alter, politisches Interesse und Demokratiezufriedenheit stabil. Man kann vermuten, dass es sich um ein lager- und milieuübergreifendes Syndrom handelt. Lediglich populistische und autoritäre Einstellungen tragen erheblich zur Verstärkung dieses Verhaltens bei (ebd.). Vielleicht stellt diese Bereitschaft zur Unterstützung illiberaler Akteur_innen eine Art »stille Reserve« des Populismus dar, die bei Wahlen abgerufen werden kann (Lewandowsky 2024: 225).

Populismus an der Macht

Was passiert nun, wenn diese Parteien an der Macht sind? Pfeiffer und Muno (2021: 15) haben vier Elemente populistischer Herrschaft herausgearbeitet: An der Spitze steht *erstens* eine charismatische Führungspersönlichkeit. Diese Figur regiert *zweitens* durch Patronage; das heißt, sie versucht, die Institutionen mit eigenen Gefolgsleuten zu besetzen und gleichzeitig in der Wirtschaft eine Günstlingswirtschaft zu betreiben. *Drittens* ist der Regierungsstil der

Populist_innen durch polarisierende politische Kommunikation geprägt, in der sich die Populist_innen als Verteidiger_innen von Demokratie und Nation gegen äußere und innere Feind_innen – die Opposition – darstellen. *Viertens* führt die populistische Ideologie zu einem ausgeprägten Antiinstitutionalismus. Legitimiert wird dies durch den Populismus selbst: Wenn Demokratie bedeutet, dass der Wille des Volkes – den die Populist_innen ja selbst verkörpern – die Politik in allen Bereichen bestimmt, dann müssen die Verfassungsorgane – allen voran die Gerichte – von der Regierungspartei kontrolliert werden. »The justice system and the government must both be on the same side in the battle to protect the public interest«, ließ sich der griechische Justizminister bereits kurz nach seiner Ernennung durch die linkspopulistische Regierung zitieren (Pappas 2020: 63). In vergleichbarer Weise äußerte sich der ehemalige Sejm-Abgeordnete Kornel Morawiecki (PiS): »The will of the people is above the law. Law is to serve the people. If it does not it is no longer law« (zitiert nach Koncewicz 2020)

Der Antiinstitutionalismus populistischer Regierungen hat zugleich wohl auch die drastischsten Konsequenzen für die demokratischen Systeme. Er zeigt sich erstens in Form der öffentlichen Diffamierung der demokratischen Institutionen, vor allem dann, wenn diese die Vorhaben der Populist_innen vereiteln. Ein Beispiel hierfür ist Donald Trump, der unmittelbar nach Amtsantritt Anfang 2017 eine Executive Order erließ, die die Einreise von Bürger_innen mehrheitlich islamischer Länder zeitweise verhinderte. Das Dekret wurde aufgrund juristischer Fehler umgehend von einem Gericht blockiert. Trump reagierte darauf empört und suchte die Konfrontation. »Manche Dinge sind Gesetz, und manche sind gesunder Menschenverstand«, konterte er, während sein Team im Hintergrund das Dokument so abänderte, dass es schließlich passieren konnte. Trumps Botschaft war, dass er versuchte, die amerikanischen Bürger_innen vor der vermeintlichen Gefahr durch islamistische Terrorist_innen zu schützen – wobei er Muslim_innen unter Generalverdacht stellte –, während die »Eliten« in der Justiz gegen ihn – und damit das Volk selbst – agierten.

Zweitens versuchen Populist_innen, die Institutionen der liberalen Demokratie zu umgehen, ohne sie langfristig zu zerstören. Ein Beispiel hierfür ist das Vorgehen der linkspopulistischen Syriza in Griechenland im Kontext ihrer angestrebten Verfassungsreform (Pappas 2020). Diese beinhaltete mehr direkte Demokratie sowie die Direktwahl des Staatsoberhaupts, also durchaus progressive Elemente. Eigentlich hätte der Entwurf für die Verfassungsänderung aus dem Parlament kommen müssen. Das allerdings umging Syriza, indem sie als Regierungspartei direkte Bürger_innengespräche im ganzen Land organisierte und somit den unmittelbaren, aber von ihr gesteuerten Dialog suchte. Sie wollte dann in einem nur vordergründigen Bottom-up-Verfahren Verfassungsänderungen umsetzen.

Zuletzt lässt sich eine drastische Schwächung der liberaldemokratischen Institutionen durch die Einebnung der Gewaltenteilung beobachten. Ursächlich sind dabei dreierlei demokratiepolitische Reformen. Erstens gehen die Populist_innen systematisch gegen die Verfassungsgerichte vor. In Polen und Ungarn wurden Aufsichtsbehörden per Gesetz unter die direkte Kontrolle des Parlaments und damit der von den Regierungsparteien gebildeten Mehrheit gestellt. Ungarn schwächte zusätzlich die Kompetenzen des Verfassungsgerichts, während es in Polen der PiS-Regierung in einem zähen Ringen gelang, bis auf einen alle Richter_innenposten mit eigenen Unterstützer_innen zu besetzen. Zweitens stellen populistische Regierungen die öffentlichen Medien unter ihre Aufsicht. In der Folge wird der Opposition eine wichtige Plattform entzogen, die Berichterstattung faktisch kontrolliert und Journalist_innen teils unter Druck gesetzt. Drittens strengen rechte Populist_innen gesellschaftspolitische Reformen an, die vor allem auf die Beschneidung der Rechte von Minderheiten abzielen. Die Rechte Homosexueller auf eingetragene Partnerschaften und auf die Adoption von Kindern sind in vielen Ländern ebenso eingeschränkt wie das Recht von Frauen auf körperliche Selbstbestimmung, wenngleich nicht in allen Staaten in gleicher Weise (Guasti/Bustikowa 2023: 4). In Polen und Ungarn, wo die Populist_innen seit 2015 beziehungsweise 2010 an der Macht sind beziehungsweise waren, führte ihre Politik zu einer drastischen Schwächung der Demokratie, während sich ein solcher Effekt für Griechenland nicht nachweisen lässt (Lewandowsky 2022: 137). Für Demokratie und Gesellschaft sind rechtspopulistische Varianten deutlich schädlicher als linkspopulistische (Huber/Schimpf 2017). Insofern verwundert es nicht, dass die Debatte über Gegenstrategien sich vor allem um den rechten Populismus dreht.

Umgang mit dem Populismus

Angesichts der hohen Wahlerfolge insbesondere der Rechtspopulist_innen in Europa hat die Frage nach Gegenstrategien enorme Brisanz. Das gilt nicht nur für Deutschland, wo sich seit der Correctiv-Recherche über das rechtsextreme

AfD-Umfeld eine breite Gegenbewegung gebildet hat. Auch in Österreich steht die Frage zur Debatte, welche Auswirkungen eine Kanzlerschaft des FPÖ-Vorsitzenden Herbert Kickl auf das System und die Gesellschaft hätte. In den Niederlanden rangen die Parteien Ende 2023 und Anfang 2024 darum, ob sie eine Regierung unter Führung des Rechtspopulisten Geert Wilders stützen sollten.

Gegenstrategien lassen sich entlang zweier Dimensionen planen. Auf der einen Seite steht die Frage, wie die anderen Parteien den Populist_innen auf dem Wählermarkt begegnen können. Dabei geht es zuvorderst um die Frage, welche Strategien geeignet sind, um rechtspopulistische Wähler_innen (zurück) zu gewinnen. Eine typische Strategie im konservativen Spektrum sieht so aus, dass sie sich den Positionen der Rechtspopulist_innen in der Migrationsfrage annähern (Bayerlein 2021). Gerade aus Sicht der Mitte-rechts-Parteien ist das durchaus nachvollziehbar. Immerhin stehen sie den Rechtspopulist_innen bei diesem Thema näher als etwa ihre grüne oder sozialdemokratische Konkurrenz. Allerdings ist diese Strategie nicht von Erfolg gekrönt. Vergleichende Befunde zeigen, dass sich entweder gar kein Effekt einstellt oder die Rechtspopulist_innen sogar Zugewinne erzielen (Krause u. a. 2023). Eine mögliche Ursache hierfür liegt darin, dass die Rechtsbewegung der Konservativen die ursprünglich isolierten Positionen der Populist_innen legitimiert und ihnen Raum im Diskurs des politischen Mainstreams gibt. Die Populist_innen verlieren dadurch ihren Außenseiterstatus und werden anschlussfähiger an Wähler_innen jenseits der radikalen Rechten. Insofern sind solche kurzfristigen Positionswechsel in Richtung der Rechtspopulist_innen vermutlich kontraproduktiv. Sinnvoller kann es sein, auf eine Schwächung der gesellschaftspolitischen Themen, von denen die Rechtspopulist_innen zehren, zu setzen. Das allerdings ist eine Aufgabe, die sich schwerlich kurzfristig realisieren lässt, da Parteien Themenkonjunkturen nur bedingt beeinflussen können.

Auf der anderen Seite steht die Frage, wie sich die Institutionen der liberalen Demokratie vor dem Zugriff der Rechtspopulist_innen schützen lassen. Das betrifft insbesondere die Verfassungsgerichte, aber auch die Parlamente. Am deutschen Fall lässt sich beides nachzeichnen. Gerade bei den Fragen nach Isolation oder Einbindung der AfD in die parlamentarische Praxis ist keine gemeinsame Stoßrichtung der Parteien erkennbar (Heinze 2023). Eine Stoßrichtung könnte darin bestehen, bislang eher durch Einvernehmen gelöste Verfahren stärker zu verrechtlichen sowie bereits verrechtlichte Verfahren in den Verfassungsrang zu heben. Das betrifft etwa die Wahl der Richter_innen des Bundesverfassungsgerichts. Diese ist bislang durch einfaches Gesetz geregelt. Sie könnte aber, wie etwa in Thüringen, in der Verfassung festgeschrieben werden. Dadurch könnte die Wahlregel nicht durch einfache Mehrheit geändert werden. Selbst wenn die AfD im Bund an die Regierung käme, wäre sie nicht in der Lage, das Gericht schnell mit eigenen Unterstützer_innen zu besetzen.

In den Parlamenten rücken durch die mögliche rechtspopulistische Bedrohung Prozesse in den Vordergrund, die bislang rein zeremonieller Natur waren. In Thüringen etwa wurde die Landtagspräsidentin bislang durch die stärkste Partei bestimmt. Das war unstrittig, wird aber zum Problem, wenn eine offen antidemokratische Partei die meisten Sitze auf sich vereint. Deshalb ist es denkbar, dieses Verfahren so zu ändern, dass die Landtagspräsidentin mit Mehrheit gewählt werden muss. Hierfür müsste lediglich die Geschäftsordnung des Landtags geändert werden – allerdings noch vor der Landtagswahl 2024 (MDR Thüringen 2024).

Für alle Strategien gilt allerdings, dass sie nicht nur von wenigen, sondern von allen Parteien des Verfassungsbogens getragen werden sollten. Nähert sich eine Partei den Rechtspopulist_innen inhaltlich an oder kooperiert mit ihnen, wird der *cordon sanitaire* (zeitgenössisch: »Brandmauer«) brüchig. Insofern ist es geboten, dass sich alle Parteien, die sich zur liberalen Demokratie bekennen, miteinander ins Benehmen setzen. Das gilt nicht nur für Deutschland, sondern für alle europäischen Länder, die mit der populistischen Herausforderung konfrontiert sind.

Literatur

Bayerlein, Michael (2021), Chasing the Other "Populist Zeitgeist"? Mainstream Parties and the Rise of Right-Wing Populism, in: Politische Vierteljahresschrift 62, 3, S. 411–433.

Decker, Frank (2004), Der neue Rechtspopulismus, Opladen.

Finchelstein, Frederico (2017), From Fascism to Populism in History, Oakland, CA.

Foa Roberto, Stefan und Yascha Mounk (2016), The Democratic Disconnect, in: Journal of Democracy 27, 3, S. 5–17.

Graham, Matthew H. und Milan H. Svolik (2020), Democracy in America? Partisanship, Polarization, and the Robustness of Support for Democracy in the United States, in: American Political Science Review 114, 2, S. 392–409.

Guasti, Petra und Lenka Bustikowa (2023), Varieties of Illiberal Backlash in Central Europe, in: Problems of Post-Communism (2023), S. 1–13, https://www.illiberalism.org/petra-guasti-and-lenka-bustikova-varieties-of-illiberal-backlash-in-central-europe/.

Heinze, Anna-Sophie (2022), Dealing with the populist radical right in parliament: mainstream party responses toward the Alternative for Germany, in: European Political Science Review 14, 3, S. 333–350.

Huber, Robert A. und Christian Schimpf (2017), On the Distinct Effects of Left-Wing and Right-Wing Populism on Democratic Quality, in: Politics and Governance 5, 4, S. 146–165.

Koncewicz, Tomasz Tadeusz (2020), The Politics of Resentment and First Principles in the European Court of Justice, in: Bignami, Francesca (Hrsg.), EU Law in Populist Times: Crises and Prospects, Cambridge, S. 457–476.

Krause, Werner, Denis Cohen, Tarik Abou-Chadi (2023), Does accommodation work? Mainstream party strategies and the success of radical right parties, in: Political Science Research and Methods 11, S. 172–179.

Lewandowsky, Marcel (2022), Populismus. Eine Einführung, Wiesbaden.

Lewandowsky, Marcel (2024), Was Populisten wollen. Wie sie die Gesellschaft herausfordern - und wie man ihnen begegnen sollte, Köln.

Lewandowsky, Marcel und Michael Jankowski (2023), Sympathy for the devil? Voter support for illiberal politicians, in: European Political Science Review 15, 1, S. 39–56.

Lewandowsky, Marcel und Aiko Wagner (2023), Fighting for a lost cause? Availability of populist radical right voters for established parties. The case of Germany, in: Representation 59, 3, S. 485–512.

MDR Thüringen (2024), Linke und Grüne erwägen neue Regeln für Wahl des Landtagspräsidenten, 13. Februar, https://www.mdr.de/nachrichten/thueringen/landtag-praesident-regel-aenderung-afd-100.html.

Mudde, Cas (2021), Populism in Europe: An Illiberal Democratic Response to Undemocratic Liberalism (The Government and Opposition/Leonard Schapiro Lecture 2019), in: Government and Opposition 56, 4, S. 577–597.

Mudde, Cas (2004), The Populist Zeitgeist, in: Government and Opposition 39, 4, S. 541–563.

Mudde, Cas und Cristóbal Rovira Kaltwasser (2013), Exclusionary vs. Inclusionary Populism: Comparing Contemporary Europe and Latin America, in: Government and Opposition 48, 2, S. 147–174.

Müller, Jan-Werner (2016), Was ist Populismus? Ein Essay, Berlin.

Norris, Pippa und Roland Inglehart (2019), Cultural Backlash: Trump, Brexit, and Authoritarian Populism, Cambridge.

Pappas, Takis (2020), The Pushback Against Populism: The Rise and Fall of Greece's New Illiberalism, in: Journal of Democracy 31, 2, S. 54–68.

Pfeiffer, Christian und Wolfgang Muno (2021), Populismus an der Macht?! Theoretische Konzepte und empirische Diskussionen, in: Muno, Wolfgang und Christian Pfeiffer (Hrsg.), Populismus an der Macht, Wiesbaden, S. 3–22.

Rooduijn, Matthijs (2018), What unites the voter bases of populist parties? Comparing the electorates of 15 populist parties, in: European Political Science Review 10, 3, S. 351–368.

Taggart, Paul (2004), Populism and representative politics in contemporary Europe, in: Journal of Political Ideologies 9, 3, S. 269–
   288.

Schaffner, Brian, Matthew MacWilliams, Tatishe Nteta (2018), Un-
   derstanding White Polarization in the 2016 Vote for President: The
   Sobering Role of Racism and Sexism, in: Political Science Quarter-
   ly 133, 1, S. 9–34.

Schwarzbözl, Tobias und Matthias Fatke (2016), Außer Protesten
   nichts gewesen? Das politische Potential der AfD. Politische Vierteljahresschrift 57, 2, S. 276–299.

Van Hauwaert, Steven M. und Stijn van Kessel (2018), Beyond protest
   and discontent: A cross-national analysis of the effect of populist
   attitudes and issue positions on populist party support, in: European Journal of Political Research 57, S. 68–92.

Wagner, Aiko, Heiko Giebler, Marcel Lewandowsky (2020), Legitime
   Motive? Die AfD-Wahl als Artikulation von Nebenwahlverhalten,
   Systemkritik und Sachfragenpräferenzen bei der Europawahl 2014,
   in: Wiesner, Claudia und Philipp Harfst (Hrsg.), Legitimität und
   Legitimation. Vergleichende Perspektiven, Wiesbaden, S. 171–202.

Misstrauen und Defizite. Für ein demokratischeres Europa

Von Frank Decker[*]

Einleitung

So wie die nationalen Demokratien in Europa steht auch der von ihnen gebildete Staatenverbund der EU politisch unter Druck. Den überwiegend am rechten Rand versammelten Parteien, die eine weitere Vertiefung der europäischen Integration ablehnen und die EU auf ein lockeres Staatenbündnis zurückführen möchten, wird für die Europawahlen im Juni 2024 ein nochmaliger kräftiger Stimmenzuwachs vorausgesagt. Selbst wenn die EU-Skeptiker nicht mit einer Mehrheit rechnen können, ist ihr Erstarken Ausdruck einer Vertrauenskrise, die die nationalen und europäischen Regierungsinstitutionen gleichermaßen erfasst. Auch in der traditionell proeuropäischen Bundesrepublik gab bei der Eurobarometer-Umfrage Ende 2023 nur noch eine knappe Mehrheit von 48 Prozent der Bürger (und somit nicht mehr als der EU-Durchschnitt) an, dass sie der EU vertraue.

---

[*] Aus Gründen der Ästhetik und besseren Lesbarkeit hat der Autor auf eine konsequent gendergerechte Sprache in diesem Aufsatz verzichtet.

Ein wesentlicher Grund des Misstrauens dürfte sein, dass die EU und ihre Institutionen (einschließlich des Parlaments) von den Menschen kaum – und damit auch nicht als *demokratische* Institutionen – wahrgenommen werden. Obwohl die Bürger wissen, dass die in Brüssel getroffenen Entscheidungen in wichtigen Bereichen, die ihre eigene Lebenswirklichkeit prägen, an die Seite oder sogar an die Stelle der nationalen Politik treten, liegen ihnen die dafür verantwortlichen Organe und Akteure im buchstäblichen Sinne fern. Wie die Entscheidungen zustande kommen, ist für sie nur schwer nachvollziehbar, weil es entweder nicht sichtbar gemacht wird (wie im Ministerrat) oder die Vermittlungskanäle in die Wählerschaft zu schwach sind (wie bei Parlament und Kommission). Letzteres verweist darauf, dass es an länderübergreifenden EU-Parteien und einer europäischen Medienöffentlichkeit fehlt. Wo die Vermittlung stattfindet, steht meistens die nationale Perspektive im Vordergrund. Dasselbe gilt für die Europawahlen. Weil die Bevölkerung wie die Parteien ihnen eine nachrangige Bedeutung gegenüber den nationalen Parlaments- und Präsidentschaftswahlen zuweisen, werden sie statt unter europäischen überwiegend unter innenpolitischen Aspekten geführt.

Über die Bewertung des Demokratiedefizits scheiden sich in der politischen und wissenschaftlichen Diskussion die Geister. Die einen halten es für grundsätzlich nicht behebbar. Demokratie ist in ihren Augen an ein kulturell, sprachlich, historisch und/oder ethnisch vermitteltes Zusammengehörigkeitsgefühl der Bürger gebunden, das es in der EU nicht gebe und in Zukunft auch nicht geben werde (Kielmansegg 2009). Die anderen glauben dagegen, dass es auch unter solchen Bedingungen möglich sei, einen institutionellen Rahmen zu schaffen, in dem eine politische Auseinandersetzung über die europäischen Gesetzesvorhaben über die nationalen Grenzen hinweg stattfindet (Plottka/Müller 2020). Die nachfolgenden Überlegungen ordnen sich hier ein. Nach einer Präzisierung, worin das institutionelle Demokratiedefizit im Einzelnen besteht, möchten sie Vorschläge machen, wie die bisher vorherrschende Konsenslogik der europäischen Politik zugunsten einer stärker majoritär geprägten Wettbewerbslogik zurückgedrängt werden kann.

Worin besteht das institutionelle Demokratiedefizit?

Führt man sie auf den Kern der Volkssouveränität zurück, bedeutet Demokratie, dass die Bürger eines Landes die Möglichkeit haben (müssen), in Wahlen über das Regierungspersonal und die Grundrichtung der Regierungspolitik zu entscheiden. Robert Dahl (1971) macht die von ihm als »Polyarchien« bezeichneten real existierenden demokratischen Systeme entsprechend an zwei Eigenschaften fest: dem politischen Wettbewerb und der (gleichen) Partizipation der Wähler. Das Wettbewerbsmerkmal setzt voraus, dass Parteien und Politiker durch Wahlen verwundbar sind, indem sie aus Parlamenten und Regierungen abgewählt werden können. Dazu braucht es zum einen die Bereitschaft der Wähler, ihnen solche Wunden durch einen Wechsel ihrer Parteipräferenz zuzufügen. Zum anderen müssen sich die politischen Anbieter in ihren Positionen und Kandidaten so unterscheiden, dass ein Wechsel überhaupt lohnt.

Der Wettbewerb ist an das Mehrheitsprinzip als politische Spielregel gebunden. Es postuliert, dass in einer Demokratie alle maßgeblichen Entscheidungen von der Mehrheit des Volkes beziehungsweise der Volksvertretung getragen werden. Folgt man der einflussreichen Typologie Arend Lijpharts (2012), lassen sich die demokratischen Systeme danach unterscheiden, wie stark sie in ihrer Funktionslogik durch das Mehrheitsprinzip geprägt sind. In sogenannten Konsensdemokratien tritt an die Stelle der reinen Mehrheitsentscheidung die Suche nach weitestmöglicher Übereinstimmung. Allerdings muss es auch hier ein »mehrheitsdemokratisches Minimum« geben, das heißt die Mehrheitsregel an den zentralen Stellen des politischen Systems, etwa bei Gesetzesbeschlüssen im Parlament oder bei der Bestellung der Regierung, gelten.

Um von gleicher Partizipation der Bürger zu sprechen, gelten für Wahlen ebenfalls mehrere Voraussetzungen. Alle müssen über das Wahlrecht verfügen (hier sind Einschränkungen nur beim Alter zulässig), jede Stimme muss gleich viel zählen und die Bürger – oder zumindest möglichst viele von ihnen – müssen an der Wahl tatsächlich teilnehmen. Mit dem letzten Merkmal schließt sich der Kreis zum ersten. Denn nur wenn sich die Teilnahme aus der Sicht der Bürger auszahlt, weil bei der Wahl etwas auf dem Spiel steht und es einen Unterschied macht, ob man für diese oder jene Partei/Person votiert, ist eine hohe Wahlbeteiligung zu erwarten.

Der Merkmalskatalog ermöglicht einen guten Zugang zum institutionellen Demokratiedefizit der EU. Legt man ihn zugrunde, ist bei ihr nur eine Bedingung wirklich erfüllt, nämlich die (rechtliche) Allgemeinheit der Wahl. Von einer faktischen Allgemeinheit kann dagegen kaum die Rede sein, da die Wahlbeteiligung notorisch gering bleibt und seit der ersten Direktwahl des Europäischen Parlaments (EP) 1979 von Mal zu Mal gesunken ist – erst 2019 kam es wieder zu einem Anstieg (50,6 Prozent). Die geringe Attraktivität der Europawahlen hängt mit den Konfliktlinien der europäischen Politik zusammen, die in erster Linie zwischen den pro- und antieuropäischen Kräften verlaufen und nicht zwischen »links« und »rechts«. Unter dem Druck der rechtspopulistischen EU-Skeptiker sind die proeuropäischen Parteien heute sogar gezwungen, noch enger zusammenzurücken. Weil sie keine grundsätzlichen Alternativen bereithalten, vermitteln die Wahlen den Bürgern nicht den Eindruck, sie würden eine für die Geschicke der europäischen Politik wichtige Entscheidung treffen.

Ein noch größeres Problem sehen Kritiker in der Verletzung des Prinzips der Stimmgleichheit (*one man, one vote*) im EP. Interessanterweise rekurrieren sie dabei vornehmlich auf die territoriale Repräsentation, also die kontingentierte Sitzverteilung nach Ländern, die sich am Grundsatz der degressiven Proportionalität orientiert. Kleinere Länder werden so gegenüber den großen begünstigt. Will man ihnen eine faire Vertretungschance belassen, lässt sich das aber nicht vermeiden, es sei denn, man würde das mit mehr als 700 Abgeordneten ohnehin schon große Parlament weiter aufblähen. Außerdem wird die Verzerrung zum Teil dadurch ausgeglichen, dass die unterschiedlichen Bevölkerungsgrößen auch in den Abstimmungsregeln des Rates Berücksichtigung finden (siehe unten). Der Verstoß gegen das Gleichheitsprinzip bei der territorialen Repräsentation im EP erscheint folglich überbewertet und eine Abkehr von den Länderkontingenten weder geboten noch wünschenswert.

Ganz anders verhält es sich mit der politischen oder – genauer – parteipolitischen Repräsentation, auf die es in einer Volksvertretung primär ankommt. Auch hier führen die (in Relation zu ihrer Bevölkerungszahl) größeren Sitzkontingente der kleineren Länder in Verbindung mit der unterschiedlich hohen Wahlbeteiligung zu Verzerrungen, das heißt einem Auseinanderfallen von Stimmen- und Sitzanteilen der Fraktionen. Dieser Verstoß gegen das Gleichheitsprinzip ist ungleich gravierender, weil er den Ausgang der Wahlen verfälscht. 2014 hatte er zum Beispiel zur Folge, dass die EVP stärkste Fraktion wurde und gemäß dem »Spitzenkandidatensystem« mit Jean-Claude Juncker den Kommissionspräsidenten stellen konnte, obwohl die Sozialdemokraten (S&D) nach Stimmen knapp vor der EVP lagen.

Was die Geltung der Mehrheitsregel angeht, stellt die EU die Extremform eines Konsenssystems dar. Erstens bedarf es bei den meisten Beschlüssen (im sogenannten ordentlichen Gesetzgebungsverfahren) der Zustimmung des Rates und des Parlaments; zudem hat die Kommission, die als einziges Organ vorschlagsberechtigt ist, ein Quasi-Vetorecht, indem sie ihre Vorschläge im Laufe des Verfahrens jederzeit ändern oder zurückziehen kann. Zweitens gelten innerhalb des Rates besondere (qualifizierte) Mehrheitserfordernisse; zustimmen müssen 55 Prozent der Mitgliedstaaten, die mindestens 65 Prozent der Bevölkerung der EU repräsentieren. Und drittens gibt es außerhalb des ordentlichen Gesetzgebungsverfahrens einige Bereiche, in denen der Rat einstimmig entscheiden muss, etwa in der Gemeinsamen Außen- und Sicherheitspolitik, in bestimmten Fragen der justiziellen Zusammenarbeit oder in der Steuer- und Sozialpolitik. Hier verfügt das EP nur über ein Anhörungsrecht.

Die hohen Konsenshürden machen die Suche nach Kompromissen zu einer komplexen Angelegenheit. Dies gilt zumal, wenn Ratsmitglieder die Einstimmigkeitsregel nutzen, um von der Mehrheit Zugeständnisse in anderen für sie wichtigen Politikfeldern zu »erpressen«, wie es der ungarische Regierungschef Viktor Orbán in den beiden vergangenen Wahlperioden wiederholt getan hat. Aber auch in den Bereichen, die nicht der Einstimmigkeit unterliegen, haben die Einigungszwänge zur Folge, dass die Entscheidungsprozesse intransparent bleiben. Das gilt vor allem für den Ministerrat. Während im Parlament die Positionen und Änderungsvorschläge der Fraktionen einsehbar sind, bevor über sie abgestimmt wird, haben die Vertreter der Regierungen ein Interesse daran, politisch heikle »Koppelgeschäfte« vor der Öffentlichkeit tunlichst zu verbergen.

EU-weit einheitliches Wahlsystem

Bei der Schaffung eines gemeinsamen, EU-einheitlichen Wahlrechts handelt es sich um einen Verfassungsauftrag, der laut Vertrag eigentlich längst hätte erfüllt werden müssen. Auch in der jetzt zu Ende gehenden Legislaturperiode sind alle diesbezüglichen Versuche gescheitert. In der EU besteht deshalb weiterhin die paradoxe Situation, dass die europäischen Parteien zwar den Parlamentsbetrieb bestimmen, bei den Europawahlen aber nach wie vor nur die nationalen Herkunftsparteien kandidieren.

Um diesen Zustand zu beenden und eine echte Europäisierung der Europawahlen herbeizuführen, wäre die Einführung eines europaweiten Verhältniswahlsystems mit moderater Sperrklausel notwendig. Die Parteien hätten dann einen starken Anreiz, sich zusammenzuschließen und gemeinsame Listen zu bilden. Dies käme der Arbeitsfähigkeit

des Parlaments zugute, indem es der heutigen starken Frag-
mentierung (auch innerhalb der Fraktionen) entgegenwirkt.
Deren mitunter recht merkwürdige Zusammensetzung geht
auch darauf zurück, dass das Parlamentsrecht keine inhalt-
lichen Kriterien für die Fraktionsbildung kennt. Es reicht,
wenn genügend Abgeordnete aus genügend Mitgliedslän-
dern zusammenkommen. Die Fraktionen sind deshalb mit
den Parteienverbünden, die die nationalen Parteien auf
europäischer Ebene gebildet haben, nur zum Teil identisch.

Generell ist die Notwendigkeit einer Vereinheitlichung
größer im Bereich des Wahlsystems als bei den allgemeinen Wahlrechtsregelungen. Diese sollten deshalb ebenso
in der Hand der Mitgliedstaaten verbleiben wie die Modali-
täten der Durchführung der Wahl. Das bedeutet, dass die
Mitgliedstaaten weiterhin abweichende Regelungen beim
Wahlalter (aktiv/passiv), bei der Freiheit der Wahl (Wahl-
pflicht), bei der Dauer der Wahl (mehrere Tage oder nur ein
Tag) und bei den Techniken der Stimmabgabe (Urnenwahl,
Briefwahl, sonstige) treffen können. Zu überlegen wäre al-
lenfalls, ob man nicht eine einheitliche Schließungszeit der
Wahllokale vereinbart, um mögliche Ausstrahlungseffekte
bereits vorliegender Wahlergebnisse auf andere Länder/
Wahlgebiete zu verhindern.

Die Wahl in den nationalen Wahlgebieten erfolgt nach
einem europaweit einheitlichen Verhältniswahlsystem mit
starren Listen. Die Wähler hätten also auch künftig nur eine
Stimme. Die Listen würden wie bisher von den nationalen
Parteiorganisationen aufgestellt. Bei der Mandatsvergabe
kämen jedoch nur Parteien zum Zuge, die europaweit mindestens drei Prozent der Stimmen erhalten, was die Parteien
zwingen würde, sich europaweit zu verbinden. Die nationa-

len Parteien träten dann nur mehr als Teil beziehungsweise territoriale Gliederung einer europäischen Partei zu den Wahlen an, was auf den Stimmzetteln auszuweisen wäre. Nach den Wahlen würden sie im Parlament die Fraktionen bilden.

Ein so angelegtes Wahlsystem böte zugleich die Möglichkeit, das Problem der Stimmrechtsungleichheit zu lösen. Dazu müsste die ungleiche Repräsentation der Staaten von der (partei-)politischen Repräsentation entkoppelt werden. An der degressiven Proportionalität kann man aus den oben genannten Gründen nicht rütteln. Mit Blick auf die bevorstehenden Erweiterungsrunden wird man sie wahrscheinlich sogar noch verschärfen müssen, um die vereinbarte maximale Gesamtsitzzahl von 751 Abgeordneten einzuhalten. Umso wichtiger ist die Entsprechung von Stimmen- und Mandatsanteil bei Parteien und Fraktionen. Dafür gibt es in der aktuellen Debatte zwei geeignete Modelle, das »Tandemsystem« (Leinen/Pukelsheim 2022) und den Verhältnisausgleich über transnationale europäische Listen (Müller 2022).

Die Wahl des Kommissionspräsidenten/der Kommissionspräsidentin

So wie die EU in vertikaler Hinsicht eine Mischung aus »Staatenbund« und »Bundesstaat« darstellt – das Bundesverfassungsgericht charakterisiert sie treffend als »Staatenverbund« –, bildet sie auf der horizontalen Ebene eine Gemengelage zwischen parlamentarischer und präsidentieller Regierungsform. Bei genauerem Hinsehen weist sie sogar eine größere Affinität zum Präsidentialismus auf (Decker/

Sonnicksen 2016). Darauf deutet zum einen die Ausgestaltung des Misstrauensvotums gegen die Kommission, das im Unterschied zum normalen Misstrauensvotum in einem parlamentarischen System eine Zweidrittelmehrheit erfordert und – ähnlich wie beim US-amerikanischen *impeachment* – an ein rechtliches oder moralisches, also nicht primär politisches Fehlverhalten geknüpft ist. Zum anderen gibt es in der EU keine Möglichkeit, das Parlament vorzeitig aufzulösen. Einmal gewählt, bleibt die Kommission für die gesamte Dauer der Legislaturperiode im Amt.

Beides hat zur Folge, dass auch der Parlamentarismus ganz anders funktioniert. An die Stelle des im parlamentarischen System üblichen festgefügten Gegensatzes von regierender Mehrheit und Opposition treten im EP unterschiedliche Abstimmungskoalitionen und eine vergleichsweise große Heterogenität des Abstimmungsverhaltens innerhalb der einzelnen Fraktionen. Dies verschafft dem EP einen größeren faktischen Einfluss auf die Gesetzgebung, als die Parlamentarier das von zu Hause gewohnt sind. Denn in den parlamentarischen Regierungssystemen der Mitgliedstaaten haben die Regierungen dem Parlament als Gesetzgeber weitgehend den Rang abgelaufen, was für die Abgeordneten bisweilen frustrierend ist. Den Parlamentariern in Brüssel oder Straßburg würde es vermutlich ähnlich ergehen, wenn man das EU-Regierungssystem in Richtung einer parlamentarischen Demokratie fortentwickelte.

Blickt man auf die Bestellung des Kommissionspräsidenten, die 2014 und 2019 heftige Konflikte zwischen Parlament und Europäischem Rat hervorrief, scheint aber genau darin das Ziel zu liegen. Solange das Bestellungsrecht de facto bei den nationalen Regierungen lag, konnte von einer parlamentarischen Regierungsweise in der EU keine Rede sein. Zumindest in Bezug auf den Kommissionspräsidenten änderte sich das mit den Europawahlen 2014. Dadurch, dass die großen Parteienfamilien erstmals bereit waren, mit EU-weiten Spitzenkandidaten für das Amt anzutreten, gelang es dem EP, den Kandidaten der stärksten Fraktion, Jean-Claude Juncker, gegen den erklärten Willen des Rates durchzusetzen. Die bisherige förmliche Wahl durch das EP wurde so zur faktischen Wahl aufgewertet, während die bisherige Nominierung durch den Rat auf ein förmliches Vorschlagsrecht absank (Decker 2019).

Die Erwartung, dass die EU hinter diese Praxis in Zukunft nicht mehr zurückfallen würde, bewahrheitete sich allerdings nicht. Denn nach der Europawahl 2019 drehte der Rat den Spieß um, indem er dem Parlament mit der deutschen Verteidigungsministerin Ursula von der Leyen seine eigene Kandidatin aufoktroyierte. Als CDU-Politikerin entstammte von der Leyen zwar derselben Parteienfamilie, die mit Manfred Weber als Spitzenkandidat die stärkste Fraktion stellte. Dennoch erregte ihre Nominierung Unmut, weil sie bei der Wahl zum EP überhaupt nicht angetreten war. Schuld an dem Desaster trugen letztlich die drei für die Mehrheitsbildung maßgeblichen Fraktionen – neben EVP und S&D waren jetzt die Liberalen (*Renew Europe*) als dritter Player dazugetreten –, die nicht in der Lage waren, sich auf einen ihrer Spitzenkandidaten zu verständigen. Damit wurde der Rat regelrecht eingeladen, seinen eigenen Vorschlag zu machen (Crum 2023).

Wie sich der institutionelle Konflikt zwischen Rat und Parlament um die Bestellung der Kommissionsspitze auflösen lässt, bleibt offen.[1] Symptomatisch dafür ist die von einer deutsch-französischen Arbeitsgruppe ausgesprochene Empfehlung an beide Seiten, sich im Vorfeld der anstehenden Wahlen über das Verfahren einig zu werden, die primär Appellcharakter hat und daher folgenlos geblieben ist. Lösbar wäre das Problem, wenn sich die EU klarer festlegte, ob sie bei der Ausgestaltung ihres Regierungssystems eher dem präsidentiellen oder dem parlamentarischen Entwicklungspfad folgen möchte. Im ersten Fall läge es nahe, anstelle der parlamentarischen Bestellung des Kommissionspräsidenten eine Direktwahl einzuführen, im zweiten Fall müsste die angestrebte parlamentarische Bestellung durch ein »richtiges« Misstrauensvotum und die Möglichkeit der vorzeitigen Parlamentsauflösung ergänzt werden. Es liegt auf der Hand, dass in der gegebenen Verfassungslage weder der eine noch der andere Weg gangbar ist.

Die Bestellung der Kommissare

Ein vom EP bestellter oder von den europäischen Bürgern direkt gewählter Kommissionspräsident könnte sich auf eine demokratische Legitimation stützen, die seine Stellung im Verhältnis zum Rat (und im Falle der Direktwahl auch im Verhältnis zum Parlament) aufwertet. Eine solche Aufwer-

---

1   2024 droht keine Wiederholung der 2019 eingetretenen Situation, da die für eine zweite Amtszeit bereitstehende Kommissionspräsidentin von der EVP als Spitzenkandidatin gekürt werden dürfte und vermutlich auch den mehrheitlichen Rückhalt der Staats- und Regierungschefs besitzt. Wird die EVP erneut stärkste Fraktion, bliebe der Spitzenkandidatenprozess also formell gewahrt. Ob von der Leyen auf eine ausreichende Mehrheit im EP zählen kann, ist freilich nicht ausgemacht.

tung macht aber nur Sinn, wenn er zugleich über Mittel verfügt, die Positionen, für die er im Vorfeld der Wahl gestritten und ein Mandat bekommen hat, politisch umzusetzen. Dazu braucht es Kommissare an seiner Seite, die gleichgerichtete Ziele verfolgen und in der Lage sind, die entsprechenden Initiativen zu entwickeln.

So wie die Kommission heute ins Amt kommt und zusammengesetzt ist, lässt sich das nicht gewährleisten (Decker 2014). Einerseits beschränkt das Festhalten am gleichberechtigten Vertretungsanspruch aller 27 Mitgliedstaaten ihre Arbeitsfähigkeit; das Gremium ist zu groß und die Abgrenzung der Ressorts wenig sachgerecht. Dies gilt umso mehr, als die EU sich perspektivisch weiter vergrößern wird. Andererseits hat der Kommissionspräsident kaum Möglichkeiten, auf die Besetzung seiner Kommission Einfluss zu nehmen, da die Kommissare ausschließlich von den Regierungen der Mitgliedstaaten nominiert werden. Die Zusammenstellung der Kommission reflektiert insofern eher die nationalen Wahlergebnisse als das Ergebnis der Europawahlen. Lediglich über die Ressortzuteilung kann ihr Präsident weitgehend selbst entscheiden.

Wie könnte man die beiden Probleme lösen? Was die Verkleinerung der Kommission angeht, würde sich eine Abstufung nach Kommissaren und Vizekommissaren anbieten, sodass jedem Land zumindest ein Stellvertreterposten sicher wäre. Bei der Bestellung der Kommissare sind mehrere Varianten denkbar. Der Kommissionspräsident könnte etwa das Recht erhalten, einen Teil der Kommissare selbst zu nominieren. Oder man verpflichtet die Regierungen, mehrere Kandidaten vorzuschlagen, damit er aus einem größeren Pool auswählen kann. Vorstellbar wäre aber auch, dass man das Nominierungsrecht in die Hände der Wähler legt. Diese würden dann in der Europawahl zugleich über die jeweiligen nationalen Kandidaten für die Kommission entscheiden.

Konkret sähe ein solches Verfahren wie folgt aus: In jedem Mitgliedstaat werden – je nach Größe – zwischen zwei und fünf Personen gewählt, die dem Kommissionspräsidenten als Kandidaten für die Kommission zur Auswahl stehen. Nominiert werden diese Personen von den nationalen Parteien in Abstimmung mit ihren europäischen Dachverbänden. Die Wahl findet zur selben Zeit wie die Wahlen zum EP statt. Gewählt sind die Personen mit den meisten Stimmen. Sobald feststeht, welches Land einen Kommissar stellen darf, ernennt der Kommissionspräsident die Mitglieder der Kommission und deren Stellvertreter aus dem Kreis der gewählten Kandidaten. Auch die Ressortzuteilung und den Vizepräsidenten kann er, wie heute schon, nach eigenem Ermessen bestimmen.

Der Vorschlag impliziert, dass von den gewählten Kandidaten nur etwa ein Drittel als Kommissionsmitglieder oder Stellvertreter zum Zuge kommt. Dies ist einerseits notwendig, weil der Kommissionspräsident ansonsten nicht über den nötigen Spielraum bei der Zusammenstellung seines Teams verfügt. Andererseits ist es aus demokratischer Sicht aber kaum vermittelbar, wenn ausgerechnet die Kandidaten mit den besten Ergebnissen am Ende leer ausgehen – zumal, wenn sie aus einem bevölkerungsreichen Land stammen. Dieses Manko ließe sich durch eine Verkoppelung mit der gleichzeitigen Parlamentswahl beheben. Die Kandidaten für die Kommission würden danach im Normalfall zugleich für das EP kandidieren und die jeweiligen Listen der Parteien in ihren Ländern anführen. Würden sie gewählt, wäre ihnen ein Sitz im Parlament sicher. Hält man an der bestehenden Unvereinbarkeit von Kommissionsamt und Abgeordnetenmandat fest, könnten für die Kommissare und Stellvertreter entsprechende Listenkandidaten nachrücken.

Die Wahl der Kommissionskandidaten durch die europäischen Bürger würde die Kommission einerseits demokratisch aufwerten. Andererseits wäre sie ein Beitrag zur Europäisierung der Europawahlen. Es gäbe nicht nur einen zusätzlichen Anreiz, sich an den Wahlen zu beteiligen. Auch den Parteien fiele es vermutlich leichter, für einen europäischen Spitzenkandidaten aus einem anderen Land zu trommeln, wenn diesem ein Kandidat aus dem eigenen Land zur Seite stünde. Die nationale Orientierung der Wähler, die sich schon aufgrund der Sprachbarrieren ergibt, würde auf diese Weise für die europäischen Zwecke »eingespannt«. Die Anwärter auf die Kommissionspräsidentschaft hätten wiederum den Vorteil, dass sie schon im Vorfeld der Wahl in ihrer Parteienfamilie auf die Aufstellung geeigneter Bewerber hinwirken könnten, mit denen sie die spätere Kommissionsmannschaft bilden wollen. Dies würde auch den Zusammenschluss der bisher nur locker verbundenen nationalen Parteiorganisationen zu wirklichen europäischen Parteien befördern.

Entscheidungsverfahren im Ministerrat

Im Ministerrat stellen die Einstimmigkeitserfordernisse in zentralen Politikfeldern nicht nur ein Demokratieproblem dar, sondern sie gefährden auch die Handlungsfähigkeit der EU. Mit Blick auf den anstehenden Beitritt neuer Mitglieder herrscht deshalb in der politischen und wissenschaftlichen

Diskussion Übereinstimmung, dass hier Änderungsbedarf besteht – im Idealfall würden alle Bereiche, die heute noch dem Einstimmigkeitsprinzip unterliegen, in qualifizierte Mehrheitsentscheidungen überführt (Mintel/von Ondarza 2022). Zwar entscheiden die Mitgliedstaaten auch dort, wo die qualifizierte Mehrheitsregel gilt, in der Praxis meistens einstimmig. Die Abschaffung des Vetorechts würde die Kompromissfindung jedoch erleichtern. In der Steuer- und Sozialpolitik könnte sie mit einer Mitentscheidung des EP im Rahmen des ordentlichen Gesetzgebungsverfahrens verbunden werden, in der Außen-, Sicherheits- und Verteidigungspolitik genügte weiter ein Anhörungsrecht.

Am konsequentesten wäre es, die Neuregelungen in den Verträgen festzuschreiben, deren Änderung aber unter dem Zustimmungsvorbehalt der Mitgliedstaaten steht, also ebenfalls Einstimmigkeit erfordert. Dasselbe gilt für die sogenannte »Passerelle-Klausel« nach Artikel 48 Absatz 7 EUV, die den Übergang zu qualifizierten Mehrheitsentscheidungen im Rahmen der bestehenden Verträge ermöglicht – auch hierfür bedarf es eines einstimmigen Beschlusses im Europäischen Rat und der Ratifizierung durch die nationalen Parlamente. Als Ausweg aus dem Dilemma böte sich eine Paketlösung an, die die Ausweitung der Mehrheitsentscheidungen mit einem Einspruchsrecht beim Europäischen Rat oder einem Opt-out kombiniert, falls ein Mitgliedstaat sich durch eine Entscheidung im Kernbereich seiner nationalen Interessen bedroht sieht. Damit könnten Situationen wie 2015 vermieden werden, als sich mehrere mittelosteuropäische Staaten weigerten, den gegen ihren Willen getroffenen Mehrheitsbeschluss über die verpflichtende Verteilung von Flüchtlingen umzusetzen.

Eine andere Frage ist, ob die Abstimmungsregeln bei den qualifizierten Mehrheitsentscheidungen in ihrer heutigen Form bestehen bleiben sollten. Vertreter der kleineren und mittelgroßen Staaten stoßen sich an der – aus ihrer Sicht zu starken – Gewichtung der Bevölkerungszahl im jetzigen System der »doppelten Mehrheit«, die es großen Staaten wie Deutschland, Frankreich oder Italien leicht mache, eine Blockademinderheit zu organisieren. Dem könnte man entgegenwirken, wenn man das Zustimmungsquorum bei den Staaten von 55 auf 60 Prozent leicht anhebt und bei der Bevölkerungsgröße von 65 Prozent auf ebenfalls 60 Prozent absenkt. Zu überlegen wäre auch, ob man für besonders sensible Bereiche ein noch höheres Quorum von zum Beispiel 80 plus 80 Prozent einführt. Nur über Vertragsänderungen und die Aufnahme neuer Mitgliedstaaten sollte weiterhin einstimmig entschieden werden.

Was die Transparenz der Entscheidungsverfahren betrifft, bleibt der Rat hinter den demokratischen Erfordernissen weit zurück, die in den Verträgen festgehalten und von Parlament und Europäischem Gerichtshof wiederholt angemahnt worden sind. Diese verlangen, dass die Bürger einen möglichst breiten Zugang zu legislativen Dokumenten haben und dass sowohl die vorbereitenden Sitzungen der Ratsarbeitsgruppen und Ständigen Vertreter als auch die Ratssitzungen selbst sowie die Sitzungen im anschließenden Trilog öffentlich stattfinden. Die finnische Ratspräsidentschaft griff 2019 einen Teil dieser Forderungen auf. Ihre Verbesserungsvorschläge wurden aber nur halbherzig weiterverfolgt, weil insbesondere die großen Länder Widerstand leisteten (Frankreich) oder indifferent blieben (Deutschland). Dabei läge gerade hier eine vergleichsweise einfache Chance, das Bekenntnis zu mehr Bürgernähe, das die Regierenden gerne abgeben, in die Tat umzusetzen.

Literatur

Crum, Ben (2023), Why the European Parliament Lost the *Spitzenkandidaten*-Process, in: Journal of European Public Policy 30, 2, S. 193–213.

Dahl, Robert A. (1971), Polyarchy. Participation and Opposition, New Haven/London.

Decker, Frank (2014), Fallstricke der Parlamentarisierung. Warum das Bestellungsverfahren der EU-Kommission der Reform bedarf, in: Recht und Politik, 50, 4, S. 199–203.

Decker, Frank (2019), Das Scheitern des Spitzenkandidatensystems und andere populäre Irrtümer über die Demokratisierung der Europäischen Union, in: Zeitschrift für Parlamentsfragen 50, 4, S. 870–879.

Decker, Frank und Jared Sonnicksen (2016), Noch auf dem Pfad zu einem präsidentiellen System? Eine Analyse der horizontalen Gewaltenteilung der EU-Polity nach der Europawahl 2014, in: Hartlapp, Miriam und Claudia Wiesner (Hrsg.), Gewaltenteilung und Demokratie im Mehrebenensystem der EU, Wiesbaden, S. 71–84.

Kielmansegg, Peter Graf (2009), Lässt sich die Europäische Union demokratisch verfassen?, in: Decker, Frank und Marcus Höreth (Hrsg.), Die Verfassung Europas. Perspektiven des Integrationsprojekts, Wiesbaden, S. 219–236.

Leinen, Jo und Friedrich Pukelsheim (2022), Europäisierung der Wahlen zum Europäischen Parlament: das Tandemsystem, in: Integration 45, 1, S. 74–87.

Lijphart, Arend (2012), Patterns of Democracy. Government Forms and Performance in Thirty-Six Countries, 2. Aufl., New Haven/London.

Mintel, Julina und Nicolai von Ondarza (2022), Mehr EU-Mehrheitsentscheidungen – aber wie? Rechtliche und politische Möglichkeiten zur Ausweitung des Mehrheitsprinzips, SWP-Aktuell, Nr. 60, Berlin.

Müller, Manuel (2022), Wahlgleichheit und degressive Proportionalität versöhnen: ein europäischer Verhältnisausgleich durch transnationale Listen, in: Integration 45, 2, S. 153–160.

Plottka, Julian und Manuel Müller (2020), Enhancing the EU's Democratic Deficit. Short and Long-Term Avenues to Reinforce Parliamentary and Participatory Democracy at the EU Level, Brüssel.

European Green Deal. Über ein nachhaltiges Europa

Delara Burkhardt
im Gespräch mit Christian Krell[*]

Delara, du bist 1992 geboren und in Ahrensburg zur Schule gegangen. Du hast dort Abitur gemacht, dann in Kiel und Hamburg studiert, in Sozialökonomie abgeschlossen. Danach hast du in einer Kommunikationsagentur gearbeitet, bevor du 2019 in das Europaparlament gewählt wurdest. Deinem Lebenslauf habe ich entnommen, dass du mit 16 in die SPD eingetreten bist. Mit 16 passieren ja viele Dinge im Leben. Man denkt vielleicht über den Führerschein nach. Vielleicht hat man den ersten Job. Vielleicht ist man zum ersten Mal richtig verliebt. Nicht alle denken mit 16 daran, in eine Partei einzutreten. Erzähle uns kurz, wie es bei dir dazu kam.

In meiner Familie war Politik immer da. Ich habe einen 68er-Vater, der unter Willy Brandt in die SPD eingetreten ist. Ein Arbeiterkind, das auf dem zweiten Bildungsweg

[*] Im Rahmen der Ringvorlesung »Die Zukunft Europas« der Friedrich-Ebert-Stiftung am 28. November 2023 an der Universität Bonn.

dank sozialdemokratischer Bildungspolitik einen Aufstieg
durch Bildung machen konnte. Meine Mutter ist aus dem
Iran als politische Geflüchtete gekommen. Und ich habe ir-
gendwie gelernt, mich über Ungerechtigkeiten zu empören.
Und eine Ungerechtigkeit, die mich dann auch dazu bewegt
hat, politisch aktiv zu werden, war, dass in Schleswig-Holstein die Zeit bis zum Abitur verkürzt wurde. Statt in neun
Jahren sollte man in acht Jahren das Gleiche machen. Es gab
landesweit Proteste, Schülerstreiks, wir sind auf die Straße
gegangen, um gegen diese Reform zu protestieren. Leider
ohne Erfolg. Was bei mir aber hängen geblieben ist, ist das
Gefühl, dass, wenn man Einfluss darauf haben will, was in
den Parlamenten passiert, wer dort sitzt, was in den Pro-
grammen geschrieben steht, dann sind Parteien ein sehr
wichtiger Ort. Und ich habe mich dann entschieden, einer
Partei beizutreten, um dafür zu sorgen, dass gerade Perspektiven von jungen Menschen auch gehört werden. Das
war der Grund, der konkrete Auslöser. Auch wenn es bestimmt viele andere Momente gab, in denen ich mich auf-
geregt oder politische Fragen gestellt habe.

**Die Interessen von jungen Menschen einbringen. Darum
ging es einerseits. Und du hast ja dann auch sehr früh
das Thema Klimaschutz in den Blick genommen. Bei den
Jusos hast du ein Seminar veranstaltet mit dem Titel
»Klimapolitik nicht nur für die Frösche, sondern auch
für die Menschen«. Hast du etwas gegen Frösche?**

Nein. Worum es mir ging, war, einen Ort in der SPD zu schaffen, an dem man über Umweltpolitik spricht. In die Zeit, in
der ich politisch aktiv geworden bin, fiel auch das Unglück

von Fukushima. Und ganz wichtige, auch umweltpolitische Bewegungen, die schon sehr lange bestanden hatten, wurden da noch einmal groß. Wir hatten Menschenketten, die den Atomausstieg anmahnten. Und mir haben in der SPD tatsächlich zu dem Zeitpunkt Räume gefehlt, in denen man darüber sprechen konnte: Wie sieht eigentlich eine Klima- und Umweltpolitik aus, die deren Notwendigkeit stärker mit der Existenz des Menschen verbindet? Weil man immer so tut, als wäre das etwas Altruistisches. Man tut das für den Planeten. Obwohl man eigentlich genau weiß, dass gerade diejenigen, die am wenigsten haben, am stärksten von der Klimakrise betroffen sind. Ich muss ganz ehrlich und auch selbstkritisch sagen, dass es viel zu lange in der SPD zu wenig Räume gab, um über diese großen Fragen zu sprechen, obwohl wir eigentlich eine ganz lange Geschichte haben. Selbst Willy Brandt hat ja schon gesagt, der Himmel über dem Ruhrgebiet muss wieder blau werden. Eigentlich gibt es eine Geschichte, auch eine soziale Geschichte von Klimapolitik. Aber die war in den letzten Jahren ein bisschen zu leise. Ich bin froh, dass sich das mittlerweile geändert hat. Wir haben nächste Woche einen Bundesparteitag, bei dem es nur um das Thema Klimatransformation gehen wird. Und ich glaube, wir haben da viel anstoßen können. Und dass diese Räume jetzt in der Partei größer sind und das Thema wichtiger ist, das, finde ich, ist eine sehr gute Entwicklung.

Da sind wir ja mitten im Thema. Du hast Klimapolitik beschrieben und gesagt, sie muss sich quasi am Menschen orientieren. Kannst Du in diesem Zusammenhang kurz einführen in das, was du auf europäischer Ebene machst – Stichwort *Green Deal*.

Vielleicht muss ich dafür erst mal zurück ins Jahr 2019, als ich begonnen habe, hauptamtlich Politik zu machen. Das war nach der Europawahl 2019, nach einem Wahlkampf, der sehr geprägt war von den Protesten von Fridays for Future. Tausende junge Menschen waren europaweit auf der Straße und haben die Europawahl zur Klimawahl gemacht. Und als ich dann im Europäischen Parlament saß, wurde mir bewusst, dass ich und die Menschen, die dort anwesend waren, die Verantwortung haben, die Forderung junger Menschen nach tatsächlichem Handeln in Richtung 1,5 Grad Wirklichkeit werden zu lassen.

Ich bin da erst einmal mit einer etwas zögerlichen Haltung hineingegangen und dachte: Wird das jetzt in dem Maße passieren, wie es eigentlich passieren muss? Und ich wurde überrascht, weil nämlich ziemlich schnell die Kommission den Green Deal vorgelegt hat, ein Programm, das Klimatransformation nicht nur als klimapolitisches Thema begreift, sondern in alle Bereiche unseres Lebens hineinwirkt. Wir haben Vorgaben gemacht. Auf der Habenseite steht, dass wir erstmals das Ziel haben, bis spätestens 2050 klimaneutral zu werden und bis 2030 mindestens 55 Prozent unserer Emissionen zu reduzieren. In einem Klimagesetz haben wir das rechtlich verbindlich formuliert. Und damit haben wir das auch einklagbar gemacht. Ziele wurden ja oft schon erklärt. Aber wie man da tatsächlich hinkommt, das wurde nie festgelegt. Und deswegen haben wir mit dem Green Deal ganz viele Maßnahmen beschlossen. Von der Frage der CO_2-Bepreisung bis zur Frage: Wie machen wir eigentlich unsere Lieferketten entwaldungsfrei? Ganz viele unterschiedliche Gesetze haben wir angepackt. Und mit dem, was wir bisher auf der Habenseite haben, haben wir erreicht, dass wir unsere eigenen Klimaziele, wenn diese Maßnahmen tatsächlich implementiert werden, übertreffen können.

Wo sind wir jetzt, knapp viereinhalb Jahre nach dem Startschuss des Green Deal und wirklich viel Arbeit, die wir im Europäischen Parlament geleistet haben? Wir sind leider in einer Situation, in der die Stimmung kippt. Wir haben gemerkt, dass Krisen, von Corona angefangen über den russischen Angriffskrieg bis hin zur Inflation und zur Lebenskostensteigerung, die wir gerade in Europa erleben, immer wieder genutzt werden von denjenigen, die den Green Deal von Anfang an ziemlich bescheiden fanden. Sie wurden genutzt, um all die klimapolitischen Ziele der Europäischen Union wieder infrage zu stellen. Nicht, weil es Sinn macht in dieser Zeit, denn gerade beim russischen Angriffskrieg haben wir gemerkt, wohin uns die Abhängigkeit von fossilen Energien aus Autokratien geführt hat. Nein, da geht es im Hintergrund doch immer darum, die Interessen derjenigen, die vom Status quo relativ gut profitieren, über eine weitere Zeit zu schützen.

Was wird da vorgeschoben? Vorgeschoben wird, dass man gerade in diesen Zeiten, wo doch die Lebenskosten so sehr steigen, wo die Wirtschaft so angespannt ist, nicht noch mit der Klima-Keule auf die Wirtschaft draufhauen kann. Das ist ein Zitat von einem Kollegen von der CDU. Es gibt dafür ein passendes Wort von Naomi Klein. Die hat gesagt, das ist »Desaster-Kapitalismus«. Dass man Krisen nutzt, um immer wieder zu versuchen, das eigene Geschäftsmodell zu verlängern, das zu großen Teilen auf der Ausbeutung von Mensch und Natur basiert. Und leider ist es so, dass gerade die Konservativen der Versuchung, in diesem Desaster-Kapitalismus mitzumachen, mittlerweile nachgegeben haben. Wir haben die ganzen Maßnahmen des Green Deal mit progressiven Mehrheiten, so nennen wir das im Europäischen Parlament, durchgesetzt. Die Konservativen, die bekanntlich die größte Fraktion sind, haben da in der Regel nicht mitgemacht. Es waren Sozialdemokraten, Liberale, Grüne und Linke, die immer wieder Mehrheiten ausgelotet haben. Nun ist die Stimmung aber gekippt. Und zwar, weil die Konservativen etwas getan haben, das in Deutschland noch regelmäßig für Empörung sorgt, aber in Europa nicht: Sie haben die sogenannte Brandmauer gegen rechts aufgebrochen. Eigentlich gab es unter den demokratischen Parteien im Europäischen Parlament den Konsens, dass man nicht mit den Rechten zusammenarbeitet und schon gar nicht für deren Anträge stimmt.

Nun ist es aber so, dass gerade in letzter Zeit dort, wo es vor allen Dingen um Naturschutz und Landwirtschaft ging, immer wieder die Konservativen mit den Rechten zusammengearbeitet und konkrete Gesetzesvorhaben des Green Deal blockiert haben. Das ist zum Beispiel bei der Verordnung zur Naturwiederherstellung so gewesen und letzte Woche bei der Pestizidverordnung. Da wird immer wieder die Unsicherheit von Menschen genutzt in diesen Krisen, um Politik zu machen, nach meinem Verständnis für Reiche und gegen die Interessen einer großen Mehrheit der Menschen. Denn wir müssen uns doch vergegenwärtigen: Was passiert eigentlich, wenn wir jetzt keine Klimapolitik machen? Und wenn wir nicht versuchen, uns auf einen Pfad in Richtung 1,5 Grad zu begeben? Die Frage der Verfügbarkeit von klimaneutralen Technologien wird eine zentrale Teilhabefrage sein. Also wer in Zukunft es sich nicht leisten kann, seine Wohnung zu heizen, wer nicht weiß, wie er von A nach B kommt, der wird nichts machen können, wenn man einfach sagt, die Politik darf keine weiteren Klimaschutzmaßnahmen verabschieden. Das ist nämlich das Gefährlichste. Weil wir damit die Klimaneutralität zu einer individuellen Verantwortung machen. Jede_r Einzelne muss dann die notwendigen Ressourcen aufbringen, um zu investieren in die Sanierung der eigenen Wohnung, in klimaneutrale Fortbewegungsmittel. Und diese Technologien stehen momentan einfach nicht allen Menschen zur Verfügung. Weil nicht alle Menschen darüber entscheiden, wie sie eigentlich heizen und sich fortbewegen. Weil es für sie keine bezahlbaren Alternativen gibt. Weil sie kein Geld auf der hohen Kante haben, um diese Investitionen zu tätigen.

Eine Anekdote, die das meines Erachtens ganz gut zeigt, ereignete sich, als wir im Europäischen Parlament über das Verbrenner-Aus abgestimmt haben. Das war ja ein ganz großer Skandal. Ich habe, nachdem wir beschlossen hatten, dass wir ab 2035 keine neuen Verbrenner auf dem europäischen Markt zulassen wollen, einen empörten Anruf von meinem Vater bekommen, der, das musste ich ihm dann sagen, noch nie einen Neuwagen besessen hat, weil er immer einen Gebrauchtwagen hatte. Es ging also nicht unbedingt darum, dass ihm sein Verbrennermotor verboten wurde. Er hatte aber gelesen, dass die Politik hier gerade eine Entscheidung gegen ihn getroffen habe. Da habe ich zu ihm gesagt: »Papa, ist das Problem nicht, dass ein nicht gut ausgebauter öffentlicher Nahverkehr dich in die Abhängigkeit vom Auto getrieben hat? Dass die mangelnde Verfügbarkeit von Ladeinfrastruktur bei uns auf dem Dorf eigentlich der Grund ist, warum du nicht die Option hast auszusteigen? Weil es eben noch keinen geregelten Gebrauchtwagenmarkt für E-Autos gibt.« Ich habe ihm erklärt, dass das alles Probleme sind, die ihm in Zukunft Mobilität erschweren, wenn die Politik dafür nicht die richtigen Rahmenbedingungen setzt. Da hatte er den Vorteil, dass seine Tochter ihm das erzählen konnte. Aber ich glaube, viele Menschen werden dann, gerade bei solchen Schlagzeilen, mit den sehr legitimen Sorgen alleingelassen. Und deswegen ist mein Ansatz für Klimapolitik, dass die individuelle Verantwortung, sich klimaneutral zu machen, zu einer gemeinschaftlichen Aufgabe wird.

Dass wir sagen, und das passt auch in die Debatte über die Schuldenbremse, die wir gerade auf Bundesebene führen: Was kostet es, das zu einer gemeinschaftlichen Aufgabe zu machen? Es ist halt eine Frage von Investitionen. Und auch gerade da setzt für mich die Zukunft des European Green Deal an. Wie kann die Europäische Union dafür sorgen, dass das sozial gerecht geschieht? Ich mache dann immer Erwartungsmanagement und sage, der europäische Haushalt ist doppelt so groß wie der des Landes NRW. Der wird diese Transformation alleine nicht wuppen und auch nicht bezahlen. Aber gerade da müssen wir doch überlegen: Was sind denn die Antworten auf diese riesige Herausforderung, vor der wir stehen?

Ich glaube, dass wir da eine europäische Antwort auf den Inflation Reduction Act der USA brauchen. Wir müssen investieren in eine gemeinsame Infrastruktur, die es allen Menschen ermöglicht, nachhaltig zu leben. Das ist die Aufgabe, vor der wir stehen und für die wir leider bisher noch nicht die politischen Mehrheiten hatten. Wir haben angefangen mit einem Klimasozialfonds, mit dem erste Einnahmen aus dem europäischen Emissionshandel genutzt werden sollen, um in den Mitgliedstaaten in genau diese Dinge zu investieren. Also wie kann man energetische Sanierung für alle Menschen finanzieren? Wie kann man, gerade in den Regionen, wo die Transformation am meisten Arbeitsplätze verändern wird, die Menschen unterstützen? Die Diskussion wird sehr schnell technisch.

Und deswegen ist mein Appell: Wie machen wir den Green Deal eigentlich persönlicher? Wie zeigen wir, dass eine klimaneutrale Zukunft nicht nur Anpassungsdruck verursacht? Willy Brandt hat gesagt: »Mehr Demokratie wagen!« Das war ein schönes Bild der Zukunft, von dem man sich mitreißen lassen wollte. Aber jetzt ist gerade für viele Menschen vor allen Dingen ein Anpassungsdruck da, weil man in all den Krisen, in denen wir sind, nicht sehen kann, ob und wie man Teil der Gesellschaft bleiben kann. Wenn man nicht weiß, wie man grundsätzliche Bedürfnisse im Alltag erfüllen kann. Und ich glaube, gerade da muss der Green Deal sich jetzt vertiefen. Das ist die Aufgabe, vor der wir stehen. Denn wenn wir darauf keine Antworten geben, sind es eben die Rechtspopulisten, die mit scheinbaren Antworten wie »na, dann gibt es eben keine Transformation - da gibt es keinen Klimawandel« oft die einfachere Lösung anbieten. Und wir wissen, dass das nicht geht. Und deswegen müssen wir weiter an der europäischen Klimapolitik arbeiten.

Herzlichen Dank für den Einstieg, der ja eine eigentlich paradoxe Situation beschreibt. Wenn wir jetzt nicht gemeinsam Strukturen schaffen, um Wandel zu bewirken, dann wird das zu einem hohen Kostendruck führen. Zu Kosten, die der oder die Einzelne dann schultern muss. Und trotzdem sind viele gerade in Sorge und lehnen

deshalb diesen Wandel ab. Du hast einmal gesagt: »Der Green Deal muss wie eine Wassermelone sein, außen grün, innen rot.« Um die Menschen vielleicht mehr mitzunehmen. Was verbirgt sich hinter diesem Sprachbild?

Wir haben planetare Grenzen. Die sind nicht verhandelbar. Es gibt Kipppunkte. Von Schleswig-Holstein gibt es wirklich gruselige Karten, auf denen man sieht, was alles von Schleswig-Holstein noch übrig bleibt. Nicht besonders viel, wenn wir nichts gegen den Klimawandel tun. Ein anderes Bild hat die Ökonomin Kate Raworth geprägt: die Donut-Ökonomie. Wie kann eine Gesellschaft funktionieren, in der es ein gutes Leben für alle innerhalb der planetaren Grenzen gibt? Und das, was sie da als Zwischenraum im Donut begreift, das meine ich mit dem roten Fleisch der Wassermelone. Wie kann man die Transformation so gestalten, dass sie allen schmeckt, möglichst wenig schwarze Kerne hat? Darum geht es eigentlich. Wie kann man dafür sorgen, dass die planetaren Grenzen dazu führen, dass alle Menschen ihre Bedürfnisse erfüllen können? In einem gewissen Rahmen muss umverteilt werden. Weil es eben momentan unterschiedliche Chancen gibt, wie man in diesen planetaren Grenzen sich anpassen und wie man diese Grenzen einhalten kann.

Damit ist das Ziel beschrieben. Und du hast ja eben auch die Ebene beschrieben, auf der du agierst. Das ist das Europäische Parlament, du bist Europa-Abgeordnete. In welchem Verhältnis siehst du Europa zu den Nationalstaaten? Wir haben ja bestimmte Politikfelder, die sind quasi vergemeinschaftet. Da brauchen wir auf jeden Fall europäische Lösungen. Bei anderen ist das weniger der

Fall. Also mit welchen unterschiedlichen Ebenen in welchen Politikbereichen kriegen wir diesen Green Deal hin?

Manche Fragen sind zu groß, um sie als Nationalstaat alleine zu lösen. Und eigentlich ist schon die Europäische Union als Akteur manchmal zu klein. Die SPD startet gerade einen Dialog mit ihrer Schwesterpartei in Brasilien, der PT (Partido dos Trabalhadores) von Lula da Silva. Wir sehen, dass die Fragen der Transformation eigentlich viel zu groß sind, um sie nur als Europäer_innen gemeinsam zu lösen. Und deswegen ist die europäische Ebene in unserem politischen Handlungsfeld der kleinste gemeinsame Nenner. Gerade wir Europäer_innen, die historisch die größte Verantwortung für die Emissionen tragen, sollten mit einem ambitionierten Programm vorangehen. Natürlich wird Brüssel nicht entscheiden, wie jede Kommune ihre Wärmenetze organisiert. Aber Brüssel kann Rahmenbedingungen und Anreize schaffen, damit es gemeinsame Standards gibt, zum Beispiel: Was sind eigentlich nachhaltige Investitionen? Wie kann man Fördermittel in die richtige Richtung lenken? Da können wir gute Rahmenbedingungen auf europäischer Ebene schaffen. Als wir die Landnutzungsverordnung verhandelt haben – das ist quasi die Vorgabe, wie wir natürliche CO_2-Speicher wie Wälder, Moore usw. in unsere Klimaziele einberechnen, eine sehr technische Verordnung –, habe ich mich gefragt: Was bringt das eigentlich jedem Menschen im Alltag, wenn man auf einer politisch-technischen Ebene so ein abstraktes Gesetz verhandelt? Aber trotzdem muss man sich dann immer wieder die Mühe machen. Es passiert viel zu selten, dass wir diese komplexen Dinge und den Mehrwert solcher politischen Entscheidungen und Fahrtabhängigkeiten erklären. Aber das ist das, was die europäische Ebene wirklich gut kann: einen verbindlichen Rahmen für unsere Klimaziele festlegen und den Pfad zu kohärenteren Maßnahmen in der Europäischen Union aufzeigen, um diese Ziele zu erreichen. Folglich ist es gut, dass wir uns nicht in die kommunale Wärmeplanung einmischen, aber Möglichkeiten dafür schaffen, dass sie nachhaltig ausgestaltet wird.

Du hast den Rahmen beschrieben, den Europa setzen kann, und es ist deutlich geworden, dass wir da ein Projekt gestartet haben mit großen Hoffnungen. Auch Ursula von der Leyen hat eine, für ihre Verhältnisse, außerordentlich pathetische Rede gehalten, als sie den Green Deal verkündet hat. Sie hat gesagt: Wir machen hier etwas ganz Neues. Wir bauen jetzt zum ersten Mal einen Kontinent um, quasi weg von einer CO2 produzierenden Wirtschaftsform, hin zu einer nachhaltigen Wirtschaftsform. Jetzt, zwei Jahre später, gucken wir mit ein bisschen Ernüchterung darauf, weil diejenigen, die dem skeptisch gegenüberstanden, vielleicht die Oberhand haben. Denen gelingt es, zumindest einen Teil dieses Vorhabens zu verhindern. Ich wollte dich fragen, wo da genau die Konfliktlinien verlaufen. Du hast eben parteipolitische Konfliktlinien beschrieben. Aber die Linien verlaufen ja auch innerhalb von Parteifamilien. Ich erinnere an das Statement einer liberalen schwedischen Abgeordneten, Emma Wiesner, die gesagt hat: »Ich, als Liberale, appelliere hier an den deutschen liberalen Verkehrsminister. Hören Sie jetzt auf, das Verbrenner-Aus zu blockieren!« Also es scheint auch innerhalb der ideo-

logischen Lager große Differenzen zu geben. Wo sind die Konfliktlinien?

Ich glaube, die großen politischen Konfliktlinien sind durchaus parteipolitisch. Die Liberalen auf europäischer Ebene sind ein abendfüllendes Thema für sich. Die gehen in einigen Themen so weit auseinander, dass man gar nicht stabile Mehrheiten mit ihnen verhandeln kann. Ein konkretes Beispiel stammt aus der letzten Woche. Ich war Verhandlungsführerin der Sozialdemokraten für die sogenannte Verpackungsverordnung. Da geht es um ganz konkrete Maßnahmen, unnötige Verpackungen zu vermeiden und die Verpackungen, die wir nutzen, recyclingfähig zu machen. Und da gab es sehr unterschiedliche Meinungen bei den Liberalen. Deshalb haben wir es leider nicht geschafft, wirklich ambitionierte Maßnahmen in diesem Gesetz zu verankern, denn die Liberalen sind abgesprungen und die Hälfte von ihnen hat dann mit einer rechten Mehrheit gestimmt.[1] Aber natürlich gibt es diese Konflikte manchmal auch innerhalb der Sozialdemokratie, wenn es zum Beispiel um Wirtschaftsstrukturen, Industriestrukturen in den jeweiligen Mitgliedstaaten geht.

Ein Thema, das besonders oft zu Konflikten führt, ist Forst- und Landwirtschaft. Mitgliedstaaten, die eigentlich sehr ambitioniert sind, blockieren da eher, zum Beispiel Schweden, das eine sehr große Papierindustrie hat. Es wird halt immer wieder die Wirtschaft als Grund genannt, warum

---

1   Im März 2024 haben sich die EU-Unterhändler_innen darauf geeignet bestimmte Einwegverpackungen aus Plastik ab 2030 zu verbieten. Die Zustimmung durch die Mitgliedsländer stand zum Erscheinungszeitpunkt dieses Buches noch aus.

man keine ambitionierten Klimamaßnahmen beschließen kann. Doch wer spricht denn eigentlich für die Wirtschaft? Natürlich haben die Unternehmen, die mit der Ausbeutung von Mensch und Natur, mit der massiven Nutzung von fossilen Brennstoffen ihr Geschäftsmodell aufgebaut haben, nicht unbedingt ein Interesse daran, das in sehr kurzer Zeit auf andere Füße zu stellen. Da geht es natürlich um Interessen, und zwar solche, die sich besonders gut, teilweise auf europäischer Ebene, organisieren lassen. Das habe ich im Zusammenhang mit der Verpackungsverordnung sehr genau gemerkt.

Wir hatten über 2.000 Lobbyanfragen, weit über 90 Prozent davon aus unterschiedlichen industriellen Bereichen. Wenn man sich vergegenwärtigt, woraus Verpackungen bestehen und wo sie überall sind, ist da von der chemischen Industrie bis zum Einzelhandel alles dabei. Und da gibt es eben eine wahnsinnig einseitige Debatte, denn wir haben viel zu wenig über die Verbraucher_innen gesprochen. Jede_r Europäer_in wünscht sich weniger Verpackungsmüll im Alltag. Aber spielen solche Perspektiven eine Rolle in den europäischen Entscheidungsfindungen?

Das ist das Problem. Wer spricht eigentlich? Wer kann seine Interessen gut auf europäischer Ebene artikulieren? Und das hat leider in den letzten Wochen, im Vorfeld der Krise, immer wieder dazu geführt, dass man, um die Wirtschaft zu schonen, die Klimaschutzambitionen heruntergeschraubt hat. Dabei bin ich durchaus auch der festen Überzeugung, dass man, wenn man in Zukunft noch Industriearbeitsplätze in Europa haben will, diese Transformation gestalten muss. Und das ist eben das, was gerade in der Debatte sehr nach vorn drängt.

Wenn man sich die politischen Mehrheitsverhältnisse anschaut, weiß man natürlich nicht, wie die Europawahlen im Juni ausgehen. Bei der Wahl in den Niederlanden hat sich zuletzt Geert Wilders, ein Rechtspopulist, durchgesetzt. Wir haben aber auch den polnischen Fall gesehen und festgestellt, es gibt ja kein Naturgesetz, dem zufolge rechtspopulistische Parteien immer stärker werden. Wie ist deine Einschätzung? Wie werden sich die Mehrheitsverhältnisse ändern? Und was werden die Themen sein?

Eigentlich bin ich ein sehr optimistischer Mensch. Aber seit der letzten Woche, in der wir gesehen haben, wie eingeübt das gemeinsame Abstimmen zwischen Konservativen und Rechtsradikalen ist und wie normal es mittlerweile für die konservative Fraktion ist, mit den Rechtsradikalen Mehrheiten zu bilden, mache ich mir wirklich große Sorgen. Weil es Projektionen gibt, laut denen die Europäischen Konservativen und Reformer, das ist die Fraktion, in der zum Beispiel Melonis Partei und die PiS aus Polen Mitglieder sind, die drittstärkste Kraft nach der nächsten Europawahl werden. Und ich werde mit jeder Faser meines Körpers dafür kämpfen, dass das nicht passiert. Denn ich möchte, dass wir weiter daran arbeiten, Europa zukunftsfähig zu machen. Und wir werden es nicht schaffen, wenn wir suggerieren, es könnte alles so bleiben, wie es ist. Wir verteilen ein bisschen, wir verwalten ein bisschen. Nein, was wir jetzt brauchen, ist ein handlungsfähiges Europa, das wirklich zusammenarbeitet. Und genau dagegen arbeiten die. Die wollen eine andere Art europäischer Zusammenarbeit. Mittlerweile sind sie nicht mehr offen gegen Europa, sondern wollen eigentlich nur eine bessere Kooperation zwischen den Hauptstädten und alles, was wir an europäischer Integration erreicht haben, zurückdrehen oder zumindest auf Halde stellen. Ich habe die Notwendigkeit von mehr gemeinsamen europäischen Investitionen angesprochen. All das wäre dann nicht möglich. Und deswegen glaube ich, wenn die Mehrheiten sich so verfestigen, wie wir das zum Beispiel letzte Woche gesehen haben, dann bedeutet das Stillstand – in einer Zeit, in der wir alles daransetzen müssen, auf einen Pfad zu kommen, der wirklich allen Menschen ermöglicht, teilzuhaben. Es geht darum, ob Politik für wenige gemacht wird oder für alle. Man ist als Proeuropäer_in immer in einem Dilemma. Man muss erst einmal all das, was passiert, verteidigen und rechtfertigen und Missverständnisse klären. Aber gleichzeitig will man ja auch darüber sprechen, was alles falsch läuft und was man besser machen muss. Und dieses Dilemma müssen wir auflösen. Wir erleben hoffentlich einen Wahlkampf, in dem es um mehr gehen wird als Migration, es soll auch darum gehen, wie man Europa fit für die Zukunft macht.

Du sagst, du bist ein optimistischer Mensch. Und zugleich ist Optimismus, mit Blick auf die Wahlen, vielleicht ein problematisches Konzept. Wenn man auf die verbleibende Legislatur schaut, stellt sich die Frage: Was kann man jetzt noch umsetzen? Wie kann man die »Fit for 55«-Konzepte in einzelnen Politikbereichen noch voranbringen? Was ist noch gestaltbar in den nächsten Wochen und Monaten?

Es gibt ein inoffizielles Datum, bis zu dem man Verhandlungen abschließen muss, damit die Gesetze in dieser Legislatur noch verabschiedet werden, und das ist der 23. Februar 2024 (Anm.: Stand 28. November 2023). Dementsprechend ist all das, was wir in dieser Plenarwoche beschlossen haben, das Letzte, was eigentlich noch auf den Weg gebracht werden kann. Da geht es zum Beispiel um die Kreislaufwirtschaft, also um die Fragen: Wie können wir die Rahmenbedingungen dafür schaffen, dass Ressourcen, die wir in Europa nutzen, wirklich kreislauffähig werden? Wie recyclingfähig ist eigentlich ein Produkt? Haben Verbraucher_innen das Recht, ein Produkt reparieren zu lassen? Müssen Ersatzteile vorgehalten werden? Sind Produkte überhaupt so designt, dass sie recyclingfähig sind? Textilien zum Beispiel sind ganz oft gar nicht recyclingfähig. Wie kann man Standards setzen, damit das in Zukunft sich ändert?

Was zurzeit auf Halde liegt, ist die Frage der Nutzung von Pestiziden, bei der das Parlament gerade keine Position hat. Nach dem üblichen Prozedere macht die Kommission einen Vorschlag, Parlament und Rat müssen eine Position dazu finden, und das Parlament hat jetzt einfach keine. Ich hoffe, dass wir das noch zu Ende bringen. Aber wir haben jetzt schon eine Wahlkampfstimmung, eigentlich ziemlich genau, seit die CDU in Deutschland in der Opposition ist. Da hat sich so ein Stimmungswandel vollzogen. Man hat das Gefühl, die europäischen Konservativen stellen gar nicht mehr die Kommissionspräsidentin, sie haben überhaupt keine Verantwortung mehr. Es geht jetzt darum zu erzählen, warum die Geschichte des Green Deal weitergehen muss und warum es gerade jetzt ambitionierte Klimapolitik braucht.

Weniger Markt, mehr Politik.
Für ein soziales Europa[*]

Von Björn Hacker

Einleitung:
Zwischen mehr und weniger Europa

Im Koalitionsvertrag (2021: 104) fordern die drei Ampel-Partner programmatisch für die EU die »Weiterentwicklung zu einem föderalen europäischen Bundesstaat«. Dagegen sieht die Alternative für Deutschland (2023: 10 f.) die EU in ihrem Europawahlprogramm als »undemokratisches Konstrukt«, als »nicht reformierbar« und fordert die »Gründung eines Bundes europäischer Nationen« nach Abschaffung des Europäischen Parlaments und einer Entscheidung über den Verbleib Deutschlands in der EU.

Diese Dichotomie zwischen mehr und weniger Europa beachtet viele Grautöne nicht, die jedoch wichtig sind in der Europapolitik. Mehr oder weniger Europa, diese schablonenhafte Unterscheidung wird alle fünf Jahre im Europawahlkampf ins Zentrum gestellt. Sie macht es den Anti-

---

[*] Auf Grundlage des Vortrags im Rahmen der Ringvorlesung »Die Zukunft Europas« der Friedrich-Ebert-Stiftung am 21. November 2023 an der Universität Bonn.

poden im politischen Wettstreit einfach: Die einen können sich Europafahnen schwenkend als Freund_innen des Staatenverbunds geben und die Vertiefung der politischen Integration fordern. Die anderen können sich zu Lordsiegelbewahrer_innen nationaler Souveränität aufschwingen und ein grundsätzliches Versagen der EU in allen möglichen Politikbereichen deklamieren. Beides wird der Komplexität europäischer Politikgestaltung nicht gerecht. Stattdessen überformt die verallgemeinernde Floskel des »Mehr oder weniger« die zwingende Auseinandersetzung mit den sach- und fachpolitischen Richtungsentscheidungen in der EU. Denn wo angeblich alles erfolgreich ist, werden Kurskorrekturen nicht benötigt, und wo scheinbar alles ohne Aussicht auf Besserung schlecht läuft, bleibt nur ein harter Bruch. Dabei zahlt die von den Rechtspopulist_innen und -extremist_innen überall in Europa angestimmte Untergangsrhetorik auch so gut auf ihr Konto ein, da alle Kräfte der politischen Mitte sich an den Händen fassen, um die EU gegen einen drohenden Rechtsruck zu verteidigen. Automatisch landen sie so in der Defensive, müssen das politische System der EU und den bisherigen Integrationsprozess gutheißen und schönreden. Sie verpassen so die Chance, mit ihren – durchaus existenten – politischen Detailforderungen zu den Bürger_innen durchzudringen, deren Unmut über nicht oder schlecht bewältigte Krisen und Herausforderungen zu kanalisieren und eine konkrete Vision für die Zukunft der EU zu entwickeln.

Um aus der vereinfachenden Gegenüberstellung des »Mehr oder weniger Europa« herauszufinden, ist ein Blick auf die Herausforderungen hilfreich, vor denen die EU aktuell und in der nächsten Legislaturperiode des Europäischen

Parlaments bis 2029 steht. Aus den integrationspolitischen Streitpunkten der letzten Dekaden lassen sich wiederkehrende Konfliktlinien ableiten, deren Bearbeitung und Befriedung den Weg zu einem sozialen und demokratischen Europa weisen können.

Aktueller Zustand und Herausforderungen der EU

Der EU fiel es nicht leicht, einen dauerhaften einheitlichen Standpunkt zum Krieg im Gazastreifen zu finden – kurz nachdem es ihr mit viel Mühe gelungen war, die Mitgliedsländer hinter gemeinsamen Erklärungen zum russischen Angriffskrieg gegen die Ukraine zu versammeln und Sanktionen gegen Russland zu beschließen. Die Auswirkungen der Coronapandemie sind immer noch zu spüren, vor allem im Gesundheitswesen und in den sozialen Sicherungssystemen, aber auch auf dem Arbeitsmarkt. Der Brexit ist gerade erst verdaut. Die Hausaufgaben in der Migrationspolitik sind noch nicht gemacht. Und die Eurokrise, die die Währungsunion fast zum Scheitern gebracht hätte, ist noch nicht lange her. Ihre sozialen Folgen, etwa der Anstieg der Armutsgefährdungsquoten, sind in einigen Ländern noch immer erkennbar. Auch die Weltfinanzmarktkrise ist erst 15 Jahre her. Und nicht zuletzt beschäftigt uns der Klimawandel, der einen klimaneutralen Umbau unserer Volkswirtschaften erfordert. Auch die Digitalisierung von Wirtschaft und Arbeitswelt ist unumgänglich. Eine gewaltige doppelte Transformation steht uns bevor, vielleicht gewaltiger als der Wandel der Industrie- zur Dienstleistungsgesellschaft. Außerdem ändert sich die Weltordnung, die künftig multipolar sein wird. Welchen Platz hat darin Europa? Und noch ein letzter Punkt: Wir haben in fast allen Mitgliedstaaten der EU Probleme mit nationalpopulistischen Kräften. Mit Kräften, die sich zurücksehnen an ein imaginiertes nationales Lagerfeuer und glauben, den Herausforderungen des 21. Jahrhunderts durch Negation grenzüberschreitender Risiken trotzen zu können. In der nationalen Wagenburg wird der einst von Charles de Gaulle geprägte Begriff vom »Europa der Vaterländer« aus der Mottenkiste geholt.

Die EU ist angesichts dieser zahlreichen Herausforderungen und der oft ungelösten Probleme aktuell stark unter Stress. Neben immer neue Krisen – einige sprechen vom Zeitalter der Polykrise – treten andauernde Risiken und Veränderungen, wie der Rechtspopulismus, der Klimawandel, die Digitalisierung.

Wie anders war die Stimmung vor 30 Jahren. Zu Beginn der 1990er-Jahre herrschte eine Zeit der Europa-Euphorie. Damals hieß es: Wir vollenden jetzt den Binnenmarkt, wir schaffen eine Wirtschafts- und Währungsunion (WWU). Das grenzenlose Reisen kam mit Schengen auf den Weg; Umweltschutz und Sozialpolitik wurden auch auf europäischer Ebene wichtig, zudem der Beitritt weiterer Staaten in die Wege geleitet. Diese Euphorie ist jedoch alsbald verflogen. Ab Mitte der 1990er-Jahre ist vielen Mitgliedstaaten bewusst geworden, dass das selbst geschriebene Aufgabenheft vertiefter Integration recht umfangreich war: Die Vollendung des Binnenmarktes, die Erfüllung der Konvergenzkriterien für die Gemeinschaftswährung, die institutionellen Reformen für die Aufnahme neuer Mitgliedstaaten waren politische Kraftanstrengungen. Durch den Vertrag von Maastricht 1993 verlangte Souveränitätsübertragungen wurden nun kritisch hinterfragt, schienen für einige Staaten eine Überforderung darzustellen. Auf die Europa-Euphorie folgte der Integrationskater. Davon hat sich der Integrationsprozess nie richtig erholt. Zwar wurde der Binnenmarkt vollendet, Schengen ausgeweitet, die gemeinsame Währung eingeführt, die EU auf heute 27 Mitgliedstaaten erweitert. Doch nach all den genannten Krisen der letzten 15 Jahre – und es ließen sich weitere hinzufügen – möchte sich kaum noch jemand positiv zur Zukunft Europas äußern. Man gewinnt schnell den Eindruck, dass nicht nur die Europa-Euphorie abhandengekommen ist, sondern auch das gemeinsame Verständnis politischer Gestaltung: wenn zum Beispiel der ungarische Ministerpräsident Viktor Orbán innerhalb der EU sein ganz eigenes Rechtsverständnis durchsetzt und jede Einigung in der Migrationspolitik verhindert; wenn die vormaligen Bundesregierungen die Warnungen ihrer EU-Partner vor der Abhängigkeit von russischen Gaslieferungen lange Zeit ignoriert haben; wenn die »sparsamen Vier« – die Niederlande, Dänemark, Schweden und Österreich – das Corona-Hilfspaket Next Generation EU wochenlang aus nationalem Eigeninteresse blockieren konnten; oder wenn beim Auftreten eines gefährlichen Virus viele Mitgliedstaaten als erste Reaktion einseitig ihre Grenzen schließen und damit den Binnenmarkt gefährden.

Wirft man einen Blick in das Eurobarometer, also die regelmäßigen Umfragen unter Bürger_innen der EU, dann gewinnt man allerdings den Eindruck, dass die Bevölkerung sehr wohl versteht, dass viele der aktuellen Herausforderungen nicht von den Nationalstaaten allein gelöst werden können, sondern auf europäischer Ebene angegangen werden müssen. Das zeigt, die Bürger_innen der EU sind in der Frage nach der Zukunft Europas vielleicht schon einen Schritt weiter als viele Politiker_innen der EU. Sie wissen, dass wir die Themen Klimawandel, Umweltschutz, Gesundheitsschutz, Migration, Energieversorgung, Finanzmarkt, Währungsstabilität, aber auch Wirtschaftskrisen sowie – seit dem russischen Angriffskrieg gegen die Ukraine mit neuer Dringlichkeit – die Außen- und Sicherheitspolitik nicht mehr im nationalen Alleingang bearbeiten können.

Denn mit der nationalen Souveränität ist es so eine Sache. Natürlich kann Ungarn nur wenig Asylanträge annehmen, auch wenn diese nicht im Verhältnis stehen zur Einwohner_innenzahl und zur Wirtschaftskraft des Landes. Sich abzuschotten mag vielleicht kurzfristig für dieses Land, für eine bestimmte Politik, für eine bestimmte Regierung oder Partei eine Lösung sein. Aber es ist keine dauerhafte, keine nachhaltige Lösung. Man wälzt ein Problem auf andere ab. Ähnlich ist es beim Klimaschutz. Natürlich kann sich ein einzelnes Land zugutehalten, es mache eine vorbildliche Klimapolitik. Aber solange die anderen Staaten keine gute Klimapolitik betreiben, nützt das wenig. Im Falle einer Finanzmarktkrise nützt uns ein stabiles nationales Bankensystem nur bedingt. Wenn die Systeme anderer Länder nicht stabil sind, erreicht deren Krise irgendwann auch uns. Diese Erfahrung haben wir in der Weltfinanzkrise 2008/09 gemacht.

Das heißt, in einer globalisierten Welt, in der wir wirtschaftlich und kommunikativ zusammenwachsen, teilen wir am Ende auch die Risiken. Und die Risiken werden größer – und international. Und deswegen können sie auch nur auf einer supranationalen Ebene nachhaltig angegangen werden. Wenn ein einzelnes Land in der Globalisierung die eigenen Entscheidungskompetenzen schwinden sieht, wird es nur mehr Souveränität zurückerlangen, indem es sich mit anderen zusammentut. Grenzüberschreitende Mega-themen, die mehrere Staaten gleichzeitig betreffen, kön-nen nur in Kooperation nachhaltig bearbeitet werden (vgl. Beck 2007). Dagegen sind die Vorstellungen eines Rückzugs von der Welt, einer Wiedererlangung von Handlungskom-petenz durch Betonung des Nationalen, nichts anderes als ein Vorgaukeln von Autonomie. Irgendwann fliegt auf, dass das betreffende Land kaum noch souverän ist, weil es allein schlicht nicht imstande ist, den Risiken und Herausforde-rungen des 21. Jahrhunderts adäquat zu begegnen.

Wir zögern allzu oft, die EU als einzigartiges institutio-nelles Gebilde zu loben. Dabei gibt es viele Menschen in an-deren Teilen der Welt, die uns um sie beneiden. Seit über 70 Jahren verfügen wir unter anderen Institutionen über ein gemeinsames Europäisches Parlament, üben uns in der gemeinsamen Ausrichtung und Steuerung von Themen, die alle Mitgliedstaaten und ihre Gesellschaften betreffen. Wir kennen heute eine Vielzahl gesellschaftlicher Gruppen und Verbände, die transnational agieren und ihre Interessen in das politische Mehrebenensystem in Brüssel und Straßburg sowie den Hauptstädten der Mitgliedstaaten einspeisen. Sicher, die EU ist nicht perfekt; sie ist kein eigenständiger Staat und daher nur bedingt mit den Systemen der Mitglied-staaten vergleichbar. Und doch stellt sich die Frage, warum wir dieses einzigartige Gebilde der EU nicht besser nutzen, um einige der skizzierten Herausforderungen als Gemein-schaft, als Union anzugehen. Warum überlassen wir die Deutungshoheit jenen, die behaupten, die EU versage auf breiter Front?

Zwei große Konfliktlinien in der EU

Ein Grund für den Mangel an Zutrauen in die EU, für das Verweigern des Denkens in europäischen Handlungskapazitäten sind wiederkehrende Konfliktlinien. Zwei von ihnen sind besonders relevant: zum einen der klassische Konflikt zwischen Nationalstaat und supranationalem Regieren, zum anderen der Konflikt zwischen der Dominanz des Marktes und dessen politischer Gestaltung.

Für den ersten Konflikt existieren zahlreiche Beispiele aus unterschiedlichen Politikfeldern. So etwa mit der Gründung der WWU das Festhalten an nationalen Fiskalpolitiken, während man gleichzeitig die Geldpolitik bei der Europäischen Zentralbank europäisiert hat. Vielen Beteiligten war schon vor der Fixierung der Wechselkurse 1999 klar, dass dieses Nebeneinander im Krisenfall zu einem Problem werden kann. Wir hatten zehn ruhige Jahre, dann kam 2010 die sogenannte Eurokrise. Sie hat deutlich gemacht: Das Festhalten an nationalen Steuer-, Investitions-, Budget- und Lohnpolitiken birgt ohne enge Koordinierung bei Existenz einer einheitlichen Geldpolitik die Gefahr großer wirtschaftlicher Asymmetrien. Ein weiteres Beispiel ist der Aufbau einer gemeinsamen europäischen Asylpolitik. Diese kann sich nicht in der Sicherung der EU-Außengrenzen erschöpfen, dies ist oft der kleinste gemeinsame Nenner der Mitgliedstaaten. Stattdessen müsste eine europäische Migrations- und Integrationspolitik etabliert werden, die die Zugänge und Verteilung von Arbeitsmigrant_innen und Geflüchteten regelt sowie Mindeststandards für deren Eingliederung in Gesellschaft und Wirtschaft festlegt.

Auch wenn bereits Mitte der 1990er-Jahre die große Europa-Euphorie verflogen war, ist es nicht so, dass wir seitdem nichts erreicht hätten: Die EU hat erhebliche Kompetenzzuwächse erfahren, vor allem durch wirtschaftspolitische Zuständigkeiten, aber auch in der gemeinsamen Umwelt- und Klimapolitik, in der Beschäftigungs- und Sozialpolitik, der Justiz- und Innenpolitik, der Außen- und Sicherheitspolitik. Doch meist folgt auf einen ersten beherzten Schritt der Vergemeinschaftung die Sorge um daraus folgende weitere Kompetenzübertragungen. Die Mitgliedstaaten bekommen kalte Füße und sperren sich gegen den Souveränitätsverlust im betroffenen und in benachbarten Politikfeldern – die Integration bleibt unvollständig.

Nun ist die EU kein föderales Gebilde, keine eigene staatliche Institution. Solange die EU nicht den Weg zum Bundesstaat geht – und das wird in absehbarer Zukunft nicht passieren –, bleibt es bei den geteilten Zuständigkeiten in vielen Themenfeldern. Spätestens wenn die EU abermals erweitert wird, stellt sich die Frage nach einer Reform der Verträge. Durch die veränderte europäische Sicherheitslage seit dem 24. Februar 2022 erfährt eine Erweiterung der EU hohe Priorität, neben den Staaten des Westbalkans besitzen auch die Türkei weiterhin und neu die Ukraine, Georgien und Moldau einen Kandidatenstatus. In einer EU von 33 oder gar 37 Staaten hätten wir ein Problem, wenn wir daran festhielten, in den Politikbereichen, in denen das bisher vorgesehen ist, Beschlüsse stets einstimmig zu fassen. Mehr Mehrheitsentscheidungen wären vonnöten und Handlungsfähigkeit und demokratische Legitimation könnten nur gewahrt werden, wenn ausnahmslos alle Politikfelder im regulären Gesetzgebungsverfahren entschieden werden, in dem

Rat und Europäisches Parlament als zwei Kammern sich die Entscheidungen teilen.

Die Wahrheit ist aber, dass wir schon heute in vielen Politikfeldern enger zusammenarbeiten könnten, wenn wir es wollten. Denn das Ziel der europäischen Politik sollte ja sein, möglichst alle ins Boot zu holen. Statt Kampfabstimmungen durchzuziehen, ist es sinnvoller, Konsens zu erzielen. Trotz anstehender Erweiterungen und inneren Reformbedarfs wird es keinen Integrationssprung geben. Und es wird auch keine immer wieder geforderte immerwährende glasklare Kompetenzabgrenzung zwischen der EU und ihren Mitgliedstaaten auf allen Politikfeldern geben können. Gesellschaften entwickeln sich ebenso wie deren Umwelt. Krisen sind meist nicht vorhersehbar. Dass wir irgendwann beschließen würden, die EU müsse enger in der Gesundheitsversorgung und bei der Impfstoffbeschaffung zusammenarbeiten, oder mit einem 750 Milliarden Euro schweren Investitionspaket den Mitgliedstaaten ökonomisch unter die Arme greifen, war vor der Corona-Pandemie nicht absehbar.

Die zweite Konfliktlinie verläuft zwischen dem Markt und der Politik, die ihn gestaltet, reguliert, einhegt. Mit dem Binnenmarkt und der WWU hat die EU zwei große Projekte realisiert, die wirtschaftlich determiniert sind. Beide haben zahlreiche Anpassungen notwendig gemacht, und zwar in der Art und Weise, wie unsere Volkswirtschaften, wie unsere Gesellschaften funktionieren. Denn wir haben uns dadurch auf einen Weg der ökonomischen Integrationsvertiefung begeben, spätestens ab Mitte/Ende der 1980er-Jahre. Vor allem haben wir das Marktgeschehen erweitert, also den Markt vertieft. Die Mitgliedstaaten waren damals sehr

schnell bereit, alle Markthindernisse, wie Zölle, Grenzkontrollen, Preisunterschiede, zu beseitigen oder zumindest zu
verringern.

Eher schwergetan haben sich die Mitgliedstaaten mit dem
Aufbau neuer, gemeinsamer Politiken, mit der Einrichtung
europäischer Mechanismen und Institutionen. Ja, wir haben
die Europäische Zentralbank aufgebaut, aber die Ausrichtung der geldpolitischen Prioritäten dieser Bank zwischen
Preisstabilität auf der einen und Wachstums- und Beschäfti-
gungsförderung auf der anderen Seite war heftig umstritten,
vor allem zwischen Deutschland und Frankreich. Wo nicht
der Markt zum Vorteil aller Teilnehmer_innen erweitert
wird, sondern Eingriffe in das Marktgeschehen vereinbart
werden müssen, wird den Mitgliedstaaten schmerzlich bewusst, dass sie tatsächlich Souveränität an die EU abgeben.
Und was ist dort passiert, wo man sich nicht auf regulati-
ve Integrationsschritte verständigen konnte? Man hat die
Offene Methode der Koordinierung (OMK) erfunden, eine
Behelfsbrücke, um den Graben zwischen der regulativen
Gesetzgebung für Binnenmarkt und WWU auf der einen
Seite und vielen Politikfeldern, in denen man sich nicht
einigen konnte, auf der anderen Seite, zu überwinden. Die
OMK war um die Jahrtausendwende eine sinnvolle Innovation. Abseits rechtlich bindender Vorgaben setzen sich
die Mitgliedstaaten gemeinsame Ziele in der Wirtschafts-,
der Beschäftigungs- und der Sozialpolitik, während die
Europäische Kommission die Umsetzung überwacht. Die
Mitgliedstaaten versuchen, voneinander zu lernen und gemeinsame Ergebnisse zu erzielen. Zur Blüte kam dieser aufgrund seiner Freiwilligkeit als »offen« benannte Prozess mit
den Zehnjahresstrategien der EU, der Lissabon-Strategie

und der Europa-2020-Strategie. Heute sind alle Zyklen der politischen Koordinierung Bestandteil des jährlichen Europäischen Semesters. Doch der Erfolg der politischen Koordinierung ist nur dort gesichert, wo Anreize oder Sanktionsdrohungen bei Nichterfüllung der Ziele existieren. Dies war über viele Jahre aber allein in der Koordinierung nationaler Budgetpolitiken über die Defizitverfahren des Stabilitäts- und Wachstumspakts in der Eurozone gegeben. Erst das Investitionspaket Next Generation EU setzt – allerdings befristet bis 2026 – die Erfüllung von Zielen der Klimapolitik und Digitalisierung als Anreizinstrument der politischen Koordinierung ein.

Leider ist in den letzten Jahren der Graben zwischen der Wirtschaftsintegration und der politischen Integration immer breiter geworden. Die Integrationsvertiefung war erheblich, beruhte aber mit Binnenmarkt und WWU primär auf den Prinzipien des Marktes. Die Behelfsbrücke der offenen Politikkoordinierung wird länger und länger, die Abstimmungszyklen komplexer, die Themen vielfältiger, doch die ökonomische Schlagseite des Integrationsprozesses konnte mit ihr bislang nicht korrigiert werden. Diese Korrektur ist aber dringend erforderlich, um große Krisen abwenden zu können.

So etwa in der WWU, die ohne gemeinsamen Stabilisator verwirklicht wurde. Im Falle von Nachfrage- oder Angebotsschocks, von denen die Währungsunion asymmetrisch getroffen wird, wenn also nur einzelne Staaten leiden, aber Dominoeffekte nicht ausgeschlossen sind, gerät die Geldpolitik an die Grenzen ihrer Einflussmöglichkeiten. Dann fehlt eine geteilte Risikoübernahme über einen »Stoßdämpfer«, etwa eine europäische Arbeitslosenrückversicherung,

eine vollständige Bankenunion und ein wirtschaftspoliti-
sches Entscheidungszentrum. Ein zweites Beispiel ist der
Binnenmarkt, in dem sich ein Wettbewerb der Wohlfahrtsstaaten etablieren konnte. Doch welches Sozialstaatsmo-
dell setzt sich durch im gemeinsamen Markt? Natürlich
eher das mit den niedrigsten Löhnen, Unternehmenssteu-
ern und Sozialabgaben. Der Binnenmarkt hat den Wettbewerb der Unternehmen befördert, hat für größere Absatz-
märkte, mehr Produktauswahl und -innovationen gesorgt.
Schädlich wird der Wettbewerb in der EU allerdings dort,
wo die Wohlfahrtsstaaten zueinander in Wettbewerb ge-
raten, einen Wettbewerb etwa um möglichst niedrige Un-
ternehmenssteuersätze. Denn der sich daraus ergebende
Wettlauf kennt nur eine Richtung und stranguliert durch
ausbleibende Steuereinnahmen die Finanzierungsmöglich-
keiten etwa der öffentlichen Daseinsvorsorge, der staatlichen Investitionen und der sozialen Sicherung. Seit vielen
Jahren können sich die Mitgliedstaaten nicht auf eine gemeinsame Bemessungsgrundlage der Körperschaftssteuer
und schon gar nicht auf einen Mindeststeuersatz einigen.
Niedrige Standards schützen und stärken aber mitnichten
das gemeinsame europäische Wirtschafts- und Sozialmo-
dell. Der Wettbewerb der einzelstaatlichen Modelle verhindert seinen Aufbau und ruiniert zugleich die tradierten
Errungenschaften der sozialen Marktwirtschaft. Es fehlen
EU-weite Mindeststandards der öffentlichen Daseinsvorsorge, der staatlichen Investitionstätigkeit und des sozialen
Fortschritts. Bei allen Binnendifferenzen könnte mit ihnen
das spezifisch europäische Modell der Fähigkeit zur Inter-
vention in den Markt, starker Arbeitnehmer_innenrechte,
für einen angemessenen Lebensstandard sorgender Sozial-

systeme und der Bereitstellung einer zukunftsfähigen Infrastruktur verteidigt werden.

Fazit:
European politics against global markets

Während die Konfliktlinie zwischen mitgliedstaatlicher Souveränität und supranationaler Kompetenz eine klassische Dichotomie des europäischen Integrationsprozesses darstellt, wird die zweite Konfliktlinie zwischen Markt und Politik selten als Problem adressiert. Das liegt auch daran, dass lange den Versprechungen des Neoliberalismus Glauben geschenkt wurde. Etwa, dass Wettbewerb und ein größeres globales Handelsvolumen immer allen Beteiligten nützten oder dass der Wohlstand der Reichsten über die Schaffung von Arbeitsplätzen zu den Ärmsten »durchrieselt«. Ferner wurde behauptet, der Markt könne nicht irren, sondern wir seien alle rationale Wirtschaftssubjekte mit ausreichenden Informationen über das Marktgeschehen. Und dass die Trias aus Deregulierung, Privatisierung und Liberalisierung stets das Wohlbefinden der Gesellschaften stärke. Wir wissen es heute besser, spätestens seit den letzten Wirtschaftskrisen. Wir wissen, dass in vielen EU-Mitgliedstaaten die Spaltung der Gesellschaft gewachsen ist. Wir wissen, dass es Unsicherheiten und Abstiegsängste gibt, bis tief in die Mittelschicht hinein. Und wir wissen, dass mangelnde staatliche Investitionen und ein partieller Ausverkauf der öffentlichen Daseinsvorsorge uns heute Probleme bereiten, auf dem Wohnungsmarkt zum Beispiel, aber auch im Bildungssystem und in der Infrastruktur.

Konzentrieren wir uns also stärker auf die zweite Konfliktlinie, diejenige zwischen Markt und Politik. Das heißt, wir benötigen eine EU, die uns nicht der Globalisierung und den Krisen unserer Zeit ausliefert, sondern uns vor ihnen schützt. Wir benötigen die EU als Schutzschild vor den unschönen Seiten der Globalisierung. Eine EU, die ihre Bürger_innen schützt, würde europäische Standards setzen und bewahren. Dafür benötigen wir nicht weniger Globalisierung oder weniger europäische Integration, sondern einen Spurwechsel – von der Marktintegration hin zur politischen Gestaltung. Wir müssen uns wieder mehr trauen, den Markt – wo nötig – für seine Unzulänglichkeiten und Fehlallokationen zu kritisieren, und die politischen Institutionen, die wir in der Union aufgebaut haben, stärker nutzen, um die Marktkräfte zu mehr gesellschaftlichem Nutzen zu verpflichten. Der bekannte dänische Wohlfahrtsstaaten-Forscher Gøsta Esping-Andersen (1985) hat schon vor 40 Jahren von »politics against markets« gesprochen. Heute ist es geboten, daraus *European politics against global markets* zu machen.

Drei Punkte sind für die nächsten Jahre besonders dringlich:

1. Die sozialen Ungleichgewichte bekämpfen. Die EU muss zur sozialen Kohäsion zurückkehren. Wir brauchen mehr Mindeststandards in der Beschäftigungs- und Sozialpolitik, wie sie zum Beispiel die Mindestlohn-Richtlinie vorsieht, und eine integrierte Wirtschafts- und Sozialpolitik, die soziale Missstände – wie im zurzeit diskutierten Konvergenzinstrument – genauso ahndet wie Budgetdefizite.

2. Die digitale und grüne Transformation sowie eine an-
stehende Erweiterung der EU sozial begleiten. Der
Wandel der Wirtschaft und des Arbeitslebens ebenso
wie die Vergrößerung des Marktes können nur gelingen, wenn auch die potenziellen Verlierer_innen anstehender Veränderungen unterstützt werden, wie
beispielsweise im Social Climate Fund angelegt.

3. Wirtschaftskrisen konjunkturell besser abfedern.
Das Investitionsprogramm Next Generation EU und
die Unterstützung für Kurzarbeitsprogramme SURE
sollten keine Eintagsfliegen sein, sondern für einen
erneuten Einsatz bereitstehen, um die Ausbreitung
von Krisen zu verhindern. Eine Überarbeitung von
SURE für asymmetrisch die Mitgliedstaaten treffende
Schocks könnte eine europäische Arbeitslosenrückversicherung darstellen.

Willy Brandt (1972: 5) hat in den 1970er-Jahren den Begriff
der *Europäischen Sozialunion* geprägt. Auf einem Gipfeltref-
fen der Gemeinschaft in Paris sagte er dazu: »Soziale Gerechtigkeit darf kein abstrakter Begriff bleiben und sozialer
Fortschritt nicht als bloßes Anhängsel des wirtschaftlichen
Wachstums missverstanden werden. Wenn wir eine europäische Perspektive der Gesellschaftspolitik entwickeln,
wird es vielen Bürgern unserer Staaten auch leichter werden, sich selbst mit der Gemeinschaft zu identifizieren.«
Die Umstände haben sich sehr verändert, das Ziel einer Europäischen Sozialunion, die Frage, wie sozialer Fortschritt
Hand in Hand mit der Marktintegration funktionieren und
dadurch eine europäische Identität schaffen kann, ist heute
jedoch genauso richtig wie vor 50 Jahren.

Literatur

Alternative für Deutschland (2023), Programm für die Wahl zum
10. Europäischen Parlament. Beschlossen auf der Europawahl-
versammlung der AfD in Magdeburg, 29. bis 30. Juli und 4. bis 6.
August 2023, Magdeburg.

Beck, Ulrich (2007), Weltrisikogesellschaft. Auf der Suche nach der
verlorenen Sicherheit, Berlin.

Brandt, Willy (1972), Erklärung von Willy Brandt auf der Gipfel-
konferenz in Paris, 19. Oktober 1972, Bulletin des Presse- und
Informationsamtes der Bundesregierung. Hrsg. vom Presse- und
Informationsamt der Bundesregierung, 20. Oktober 1972, Nr. 147.
Bonn: Deutscher Bundesverlag, S. 1753–1756, in: Centre Virtuel de
la Connaissance sur l'Europe (CVCE), 3. Juli 2013, http://www.cvce.
eu/obj/erklarung_von_willy_brandt_auf_der_gipfelkonferenz_in_
paris_19_oktober_1972-de-738f4ac0-b709-45fb-b166-03517ec79908.
html.

Esping-Andersen, Gøsta (1985), Politics against Markets. The Social
Democratic Road to Power, Princeton.

Koalitionsvertrag (2021), Mehr Fortschritt wagen. Bündnis für Freiheit, Gerechtigkeit und Nachhaltigkeit zwischen SPD, Bündnis 90/
Die Grünen, FDP, Berlin.

Zum Weiterlesen

Hacker, Björn (2023), Social Europe: From Vision to Vigour. The
need to balance economic and social integration, Foundation for
European Progressive Studies, FEPS Primer Series, Bonn: J. H. W.
Dietz.

Hacker, Björn (2018), Weniger Markt, mehr Politik. Europa rehabili-
tieren. Dietz Standpunkte, Bonn: J. H. W. Dietz.

Sozialer Zusammenhalt angesichts multipler Krisen. Über Ungleichheit in Europa

Von Michael Dauderstädt

Mehrere Krisen erschütterten die Europäische Union (EU) seit 2020: 2019 schien die EU die sogenannte Eurokrise überwunden zu haben, die tatsächlich eine politisch sinnlos verstärkte Staatsschuldenpanik in einer fehlkonstruierten Währungsunion ohne *lender of last resort* und ohne gemeinsame Einlagensicherung war. Doch dann häuften sich die Krisen: Nach der Pandemie führte die russische Invasion in der Ukraine im Jahr 2022 zu Sanktionen, die eine Energiekrise auslösten und zur Inflation beitrugen. Ihre wirtschaftlichen Auswirkungen, befördert durch die Verteilungskonflikte im Zuge der Klimakrise, stärkten populistische Bewegungen in mehreren EU-Mitgliedstaaten, vor allem in Deutschland, Frankreich, den Niederlanden, Österreich und Italien. Vor dem Hintergrund dieser »Polykrise« (Adam Tooze) sieht die tatsächliche soziale Entwicklung der letzten Jahre in der EU überraschend gut, wenn auch recht heterogen aus. Die jüngste Krise, der Krieg in Nahost, hat bisher kaum spürbare wirtschaftliche Auswirkungen und kann mangels Daten hier nicht berücksichtigt werden. Wir analysieren zunächst die Einkommensverteilung innerhalb der Mitgliedstaaten, dann die Verteilung zwischen diesen und schließlich die Entwicklung der EU-weiten Ungleichheit. Abschließend blicken wir auf den Erweiterungsprozess und seine Folgen für den sozialen Zusammenhalt.

1. Die ungleiche Entwicklung der Einkommensverteilung in den Mitgliedstaaten

Im Herbst 2023 veröffentlichte Eurostat (das Statistikamt der EU) die Ergebnisse der letzten Welle seiner Haushaltsbefragung SILC (Survey of Income and Living Conditions). Sie erlauben die Berechnung von Armutsquoten und Ungleichheitsmaßen wie dem Quintilverhältnis (auch S80/S20-Verhältnis genannt), welches das Verhältnis zwischen den Einkommen des reichsten und des ärmsten Fünftels der jeweiligen Bevölkerung angibt. Einkommen im Sinne von Eurostat ist das mit der Haushaltsgröße gewichtete verfügbare Einkommen, also nach Steuern einschließlich empfangener Leistungen (zum Beispiel Rentenzahlungen).

Die neuen Daten für 2022, das Jahr der russischen Invasion, zeigen, dass im Durchschnitt aller 27 Mitgliedstaaten die Ungleichheit und Armut im Jahr 2022 etwas zurückgegangen sind, nachdem sie im Jahr 2021 noch gestiegen waren. Vergleicht man den niedrigeren Wert für 2020 mit dem neuesten für 2022, dann fiel der europäische Durchschnittswert des Quintilverhältnisses von 4,89 im Jahr 2020 auf 4,74 (siehe unten Abbildung 4, unterste Kurve »Eurostat«). Langfristig betrachtet, hat sich dieser Wert seit 2005 nur wenig

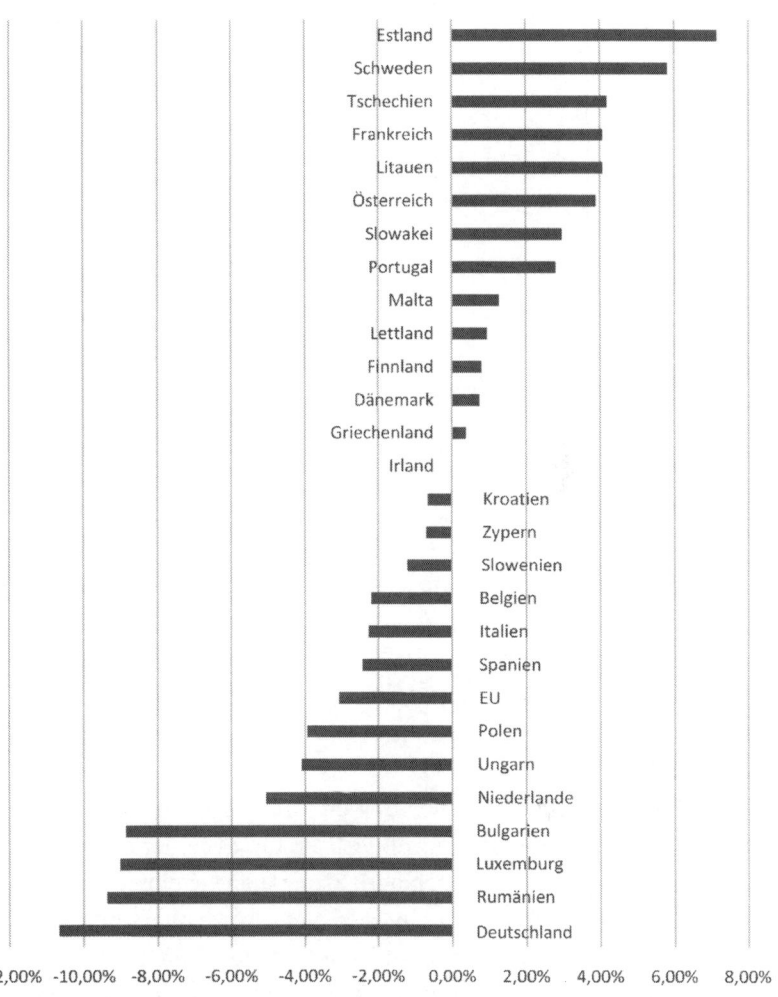

Abbildung 1: Ungleichheit innerhalb der Mitgliedstaaten
(Veränderung der S80/S20-Quote zwischen 2020 und 2022
in Prozent)
Quelle: Eurostat und eigene Berechnungen

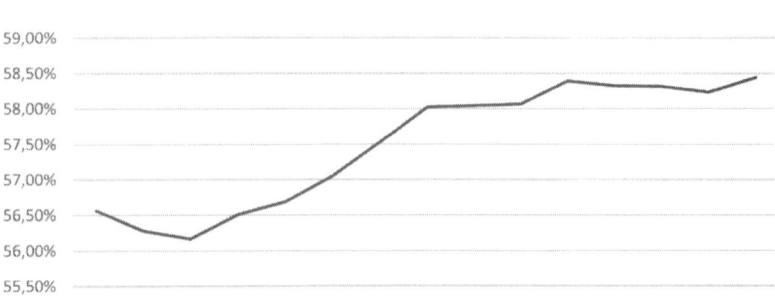

Abbildung 2: Vermögensverteilung
(Anteil der reichsten 10 % in Prozent; EU-Durchschnitt)
Quelle: World Inequality Database; eigene Berechnungen

verändert und schwankte immer um 5 (mit höheren Werten zwischen 2013 und 2018). Dieser Durchschnitt aller Mitgliedstaaten spiegelt aber nicht die wahre Einkommensverteilung in der gesamten EU wider (siehe unten Abschnitt 3) und verbirgt tatsächlich große Unterschiede zwischen den Mitgliedstaaten.

Die jeweiligen nationalen Werte reichten im Jahr 2022 von 7,3 im sehr ungleichen Bulgarien bis 3,1 in der eher egalitären Slowakei (Deutschland: 4,35). Die Mittelmeerländer weisen Werte zwischen 5 und 6, die nordwestlichen Wohlfahrtsstaaten zwischen 4 und 5 auf. Mittel- und Osteuropa (MOE) ist recht heterogen: Während im Baltikum und Südosteuropa die Ungleichheit hoch ist (über 6), ist sie im östlichen Mitteleuropa niedrig (unter 4). Konnten einige Mitgliedstaaten wie Deutschland, Rumänien, Luxemburg und Bulgarien die Ungleichheit seit 2020 erheblich reduzieren,

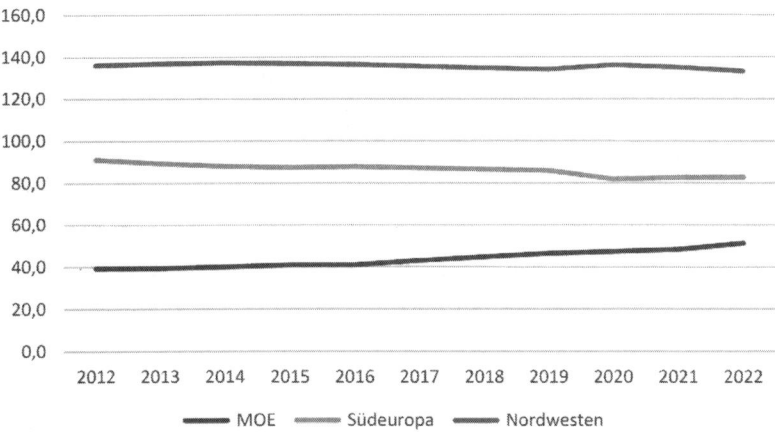

Abbildung 3: Kohäsion in Europa
(BIP pro Kopf mit EU = 100)
Quelle: Eurostat und eigene Berechnungen

litten andere, allen voran Estland und Schweden, unter einem Anstieg der Ungleichheit (siehe Abb. 1, S. 131).

Betrachtet man die Einkommensverteilung zwischen Regionen (statt wie oben zwischen Haushalten), so sind seit der Krise 2010 in vielen Mitgliedstaaten wachsende Einkommensunterschiede zu beobachten (vgl. OECD 2023). In MOE, aber auch in Belgien, Dänemark, Frankreich und Schweden nahm die regionale Ungleichheit zu, während sie in Deutschland, Finnland, den Niederlanden und im Mittelmeerraum abnahm.

Die Armutsquoten (Anteil der Bevölkerung mit einem Einkommen, das niedriger ist als 60 Prozent des mittleren Einkommens) zeigten in der Regel eine ähnliche Entwicklung mit einem leichten Rückgang im EU-Durchschnitt von 16,7 auf 16,5 zwischen 2020 und 2022. Auch hier gibt es deutliche Unterschiede zwischen den Mitgliedstaaten: In Bulgarien, Rumänien und im Baltikum lagen die Werte 2022 über 20, in Tschechien, Slowenien und Ungarn unter 12,1. In den meisten Mitgliedstaaten ging die Armut zusammen mit der Ungleichheit zurück (oder nahm zu). Es gibt einige überraschende Ausnahmen: Die Armut nahm in den Niederlanden stark und in Italien leicht zu, während die Ungleichheit dort zurückging. In Schweden und Malta konnte die Armut trotz zunehmender Ungleichheit verringert werden.

Bisher wurde die Verteilung der Einkommen betrachtet. In der Öffentlichkeit findet dagegen oft die Vermögensverteilung größere Aufmerksamkeit, da die Vermögen sehr viel ungleicher verteilt sind als die Einkommen. So verfügen die reichsten zehn Prozent der Haushalte in der EU durchschnittlich über deutlich mehr als die Hälfte des gesamten Vermögens. Seit der Finanzmarktkrise 2010 hat diese Ungleichheit bis 2017 weiter zugenommen (siehe Abb. 2, S. 132).

Die Ursachen sind nicht immer klar zu identifizieren. Was die Vermögen betrifft, so haben die Zinssenkungen viele Vermögenswerte durch die mit billigen Krediten verstärkte Nachfrage und steigende Gegenwartswerte (bei Anlagen mit besseren Renditen) erhöht. Die Einkommensverteilung blieb relativ stabil, da während der Pandemie viele Länder Hilfsprogramme aufgelegt haben (vgl. Dauderstädt 2021a). In der aktuellen Krise hat die deutsche Regierung große Summen ausgegeben, um die Auswirkungen der steigenden Preise, vor allem für Energie, abzufedern (»Doppelwumms«). Rumänien und Bulgarien profitierten von einem starken allgemeinen Wachstum (siehe folgenden Abschnitt 2). Der Konflikt

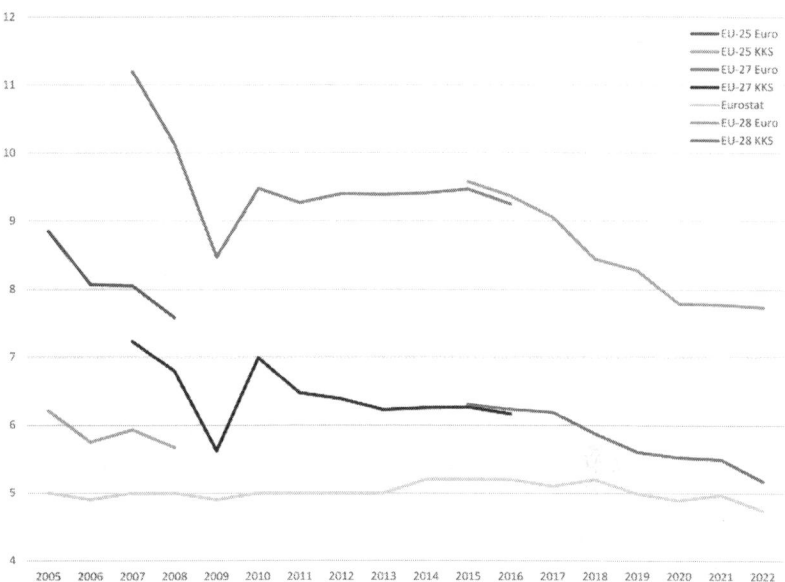

Abbildung 4: Entwicklung der EU-weiten Ungleichheit 2005–2022
(S80/S20-Quote)

Quelle: Eurostat und eigene Berechnungen, (EU-28, ab 2020 nur EU-27 ohne GB)

mit Russland dürfte Schweden, Finnland und die baltischen Länder besonders getroffen haben.

2. Heterogene Kohäsion senkt die zwischen-staatliche Ungleichheit

Seit der schlecht gemanagten Staatsschuldenpanik im Jahr 2010 (der sogenannten Eurokrise) haben sich die beiden EU-Peripherien recht unterschiedlich entwickelt (vgl. Dauderstädt 2021b). Die südliche Peripherie litt unter der aufgezwungenen Sparpolitik und dem daraus resultierenden schwachen Wachstum. Überraschend gut schnitt die ärmere östliche Peripherie postkommunistischer Länder ab, die nach 2004 der EU beigetreten waren. Im Vergleich zum EU-Durchschnitt stieg seit 2012 das Bruttoinlandsprodukt (BIP) pro Person in MOE von unter 40 Prozent auf über 50 Prozent (siehe Abb. 3), während der Süden (einschließlich Italien) von über 90 Prozent um fast zehn Prozentpunkte zurückfiel.

Dieses Muster schien auch in der jüngsten Krise Bestand zu haben. Im Jahr 2022 erreichte die Wachstumsrate des nominalen BIP 15,3 Prozent in MOE gegenüber 9,0 Prozent in Südeuropa (7,3 Prozent im reicheren Nordwesten). Wenn wir uns jedoch das reale BIP (also inflationsbereinigt) ansehen, zeigen die Werte ein anderes Muster: 4,8 Prozent in MOE und 5,0 Prozent im Süden (2,5 Prozent im Nordwesten). Die höhere Differenz zwischen nominalem und realem Wachstum in MOE ist den dort zuletzt starken Preissteigerungen, vor allem für Energie und Nahrung, geschuldet. Die trotzdem weiterhin gute Entwicklung von MOE insgesamt ist vor allem auf das anhaltend hohe Wachstum der bulgarischen und rumänischen Wirtschaft zurückzuführen.

Die eigentlichen Verlierer der Krise sind die baltischen Staaten, insbesondere Estland, und einige mitteleuropäische Länder. Der überraschende Gewinner ist Griechenland, dessen Wachstumsrate des realen BIP im Jahr 2022 7,8 Prozent betrug, gegenüber durchschnittlich 0,4 Prozent in den letzten zehn Jahren. Während MOE infolge der Sanktionen gegen Russland unter einer hohen Inflation leidet, konnte sich der Süden, dessen tourismuslastige Wirtschaft von der Pandemie stark getroffen war, erholen, möglicherweise auch

aufgrund seiner besseren Position bei der Produktion erneu-
erbarer Energien (vgl. Kakoulaki 2021). Die aktivere expan-
sive Fiskalpolitik der EU (Next Generation EU) stärkte die
Kohäsion, womit endlich beide Peripherien, im Süden und
im Osten, schneller wuchsen als das reichere Zentrum.

3. Abnehmende EU-weite Ungleichheit

Um das tatsächliche Ausmaß der Ungleichheit und Armut
innerhalb der EU beurteilen zu können, müssen beide Dimensionen der Einkommensverteilung, die zwischen und
die innerhalb der Länder, kombiniert werden (vgl. Dauderstädt 2020). Dazu bilden wir das reichste und das ärmste
Quintil der gesamten EU-Bevölkerung und berechnen das
Quintilverhältnis (oder S80/S20-Verhältnis) als Quotien-
ten ihrer jeweiligen Einkommen. Dieser Wert liegt deutlich
höher als der von Eurostat für die gesamte EU angegebene
Wert von etwa 5 (unterste Kurve in Abbildung 4), da Eurostat die – quantitativ wichtigeren – Einkommensunterschiede zwischen den Mitgliedstaaten vernachlässigt (Atkinson
2010: 109). Da nun Einkommen verschiedener Länder (teils
mit eigenen Währungen) zu vergleichen sind, ist die Ungleichheit zu Wechselkursen gemessen höher, als wenn sie
anhand der Kaufkraftstärke (KKS) bestimmt wird, da die
Kaufkraft gegebener Einkommen in ärmeren Ländern mit
ihrem niedrigeren Preisniveau höher ist.

Anhand der inzwischen verfügbaren Daten von Eurostat
zeigt unsere Berechnung, dass die EU-weite Ungleichheit
im Jahr 2022 weiter zurückgegangen ist (siehe Abb. 4). Zu
Wechselkursen lag das Verhältnis im Jahr 2022 bei 7,73 und
gemessen in Kaufkraftparitäten bei 5,17. Dies ist angesichts

der oben dargestellten Daten zur Verteilung zwischen und innerhalb der Länder kaum überraschend, da die Ungleichheit beider Verteilungen im Jahr 2022 abgenommen hat.

Die EU-weite Armutsquote kann als der Anteil der Bevölkerung definiert werden, der über ein Einkommen von weniger als 60 Prozent des Medianeinkommens der EU verfügt. Diese Armutsquote unterscheidet sich normalerweise vom Durchschnitt der nationalen Armutsquoten. Die EU-weite Armutsquote ist niedriger, wenn die Einkommen in Kaufkraftparitäten gemessen werden. Im Jahr 2022 sank sie zu Wechselkursen auf einen Wert von 22 Prozent (2021: 24 Prozent) und zu KKS auf 18,35 Prozent (2021: 19,4 Prozent).

Diese neuen Eurostat-Daten bestätigen die Schätzungen unserer vorherigen Studie (Dauderstädt 2023). Sie zeigen, dass die EU den Sturm der Polykrise bis 2022 recht gut überstanden hat, da die EU selbst und viele Mitgliedstaaten eine unkonventionelle, expansivere Fiskalpolitik verfolgt haben, um ihre Auswirkungen abzufedern. Eine Rückkehr zur bisherigen Sparpolitik würde den sozialen Zusammenhalt wohl gefährden. Und die Herausforderungen einer neuen Erweiterungsrunde sind erheblich (siehe nächsten Abschnitt) und erfordern eine aktivere Politik, um den sozialen Zusammenhalt zu fördern und zu gewährleisten.

4. Ausblick: Sozialer Zusammenhalt und EU-Erweiterung

Betrachten wir die Einkommensverteilung in Europa aus eher langfristiger Perspektive, um dem Titel dieses Sammelbands *Europa 2050* gerecht zu werden, so lohnt sich zunächst ein Blick auf Abbildung 4. Sie zeigt zweierlei: Erstens hat sich die innerstaatliche Einkommensverteilung seit 2005 wenig verändert. Das liegt auch daran, dass die oft beklagten Anstiege der Ungleichheit vor allem in den Jahren davor stattfanden (vgl. Blanchet 2019; OECD 2008 und 2011). Zweitens hängt die zwischenstaatliche Verteilung sehr vom aufholenden Wachstum der ärmeren Mitgliedstaaten ab. Wie in Abbildung 4 für 2007 zu sehen, haben die Erweiterungen der EU um meist ärmere Länder die EU-weite Ungleichheit zwar sprunghaft erhöht, aber die anschließenden Aufholprozesse sie im Erfolgsfall (vor allem ab 2017) wieder verringert.

Die russische Invasion der Ukraine hat nun der Erweiterungsdebatte neuen Schwung verliehen. Die EU hat beschlossen, nicht nur endlich mit den seit vielen Jahren assoziierten Ländern des westlichen Balkans, sondern auch mit Georgien, Moldau und der Ukraine Beitrittsverhandlungen aufzunehmen. Wie man aus der Geschichte der Osterweiterung nach dem Zusammenbruch der realsozialistischen Planwirtschaften 1989/90 sehen kann, dürfte sich dieser Prozess bis zum endgültigen Beitritt länger hinziehen, wahrscheinlich bis in die 2030er-Jahre. Wie der Fall der Türkei und des Westbalkans zeigt, dürften dabei politische Faktoren entscheidender sein als wirtschaftliche, werden aber hier in unserer ökonomischen Analyse weitgehend ausgeblendet.

Unter dem hier relevanten Aspekt der Einkommensverteilung in Europa stellt sich primär die Frage, wie groß die Einkommensunterschiede zwischen der EU und den Beitrittskandidaten sind und inwieweit eine rasche Konvergenz der
Pro-Kopf-Einkommen zu erwarten ist.

**Tabelle 1: Bevölkerung und Pro-Kopf-Einkommen
von EU und Beitrittskandidaten (2022)**

Land	Bevöl-kerung (Mio.)	Dollar KKS	Dollar Wechsel-kurs	KKS in % von EU	Wech-selkurs in % von EU	ERDI*
EU	447,4	54.626	37.433	100 %	100 %	1,5
Albanien	2,8	18.603	6.810	34 %	18 %	2,7
Bosnien-Herzegowina	3,2	19.991	7.569	37 %	20 %	2,6
Georgien	3,7	20.172	6.675	37 %	18 %	3,0
Kosovo	1,8	14.971	5.340	27 %	14 %	2,8
Moldau	2,5	15.719	5.714	29 %	15 %	2,8
Montenegro	0,6	27.027	10.093	49 %	27 %	2,7
Nordmazedonien	2,1	20.329	6.591	37 %	18 %	3,1
Serbien	6,7	23.914	9.538	44 %	25 %	2,5
Ukraine	38,0	12.675	4.534	23 %	12 %	2,8
Türkei	85,0	37.445		69 %	29 %	3,5

* Exchange Rate Deviation Index (Abweichung zwischen Kaufkraft und
  Wechselkurs)

Quelle: World Development Indicators, eigene Berechnungen

Wie in Tabelle 1 ersichtlich, sind die Einkommensunterschiede beachtlich. Im Vergleich zur derzeitigen Süd- und
Ostperipherie der EU (siehe Abb. 3, S. 109), deren BIP
pro Kopf bei heute etwa 80 Prozent (Süden) beziehungs-

weise 50 Prozent (MOE) des EU-Durchschnitts liegen, erreicht, zu Wechselkursen berechnet, kein osteuropäisches Beitrittsland mehr als 27 Prozent des EU-Niveaus. Für die EU-weite Ungleichheit wäre das beim westlichen Balkan ein noch überschaubares Problem, da dessen gesamte Bevölkerung mit 17 Millionen relativ klein ist (ein EU-Quintil umfasst etwa 85 Millionen Personen). Das gilt auch für das noch ärmere Moldau. Dramatisch wird es jedoch bei der Ukraine, die sowohl relativ bevölkerungsreich als auch mit nur zwölf Prozent des EU-Niveaus besonders arm und angesichts der Kriegsfolgen wahrscheinlich inzwischen und zukünftig noch ärmer ist.

Wenn wir auf 2050 blicken: Wie stehen die Chancen, dass die Beitrittskandidaten dann das durchschnittliche Einkommensniveau der EU erreicht haben? Die Performance anderer armer Länder, die der EU seit ihrer Gründung (damals noch EWG oder EG) beitraten, spricht für eine gewisse Skepsis. Das erste arme Land, das 1972 der damaligen Europäischen Wirtschaftsgemeinschaft (EWG) beitrat, war Irland, damals das »Armenhaus Europas«. Sein Beitritt führte zur Einführung der europäischen Regionalförderung (Struktur- und Regionalfonds). Heute ist es der Mitgliedstaat mit dem zweithöchsten BIP pro Kopf. Doch diese Erfolgsgeschichte hat zwei Haken (vgl. Dauderstädt 2001): 1. Sie begann trotz Regionalförderung erst circa 1990, also fast 20 Jahre nach dem Beitritt. 2. Das Land verdankt seinen Aufstieg zum »keltischen Tiger« weniger dieser Förderung als einem dubiosen Wachstumsmodell, bei dem vor allem multinationale Konzerne große Teile ihrer Wertschöpfung auf das irische Territorium verlagern, um Steuern zu vermeiden.

Die Süderweiterung (1981 um Griechenland, 1986 um Spanien und Portugal) ist keine Erfolgsgeschichte. Griechenlands Pro-Kopf-Einkommen fiel nach dem Beitritt erst einmal weiter hinter dem der EU (damals EG) zurück, da sein Wachstum schwächer als das der Altmitglieder war. Alle drei Länder konnten erst mit dem Beitritt zur Währungsunion eine längere Periode höheren Wachstums als der reichere Kern Europas verzeichnen, auch weil mit dem Euro die Zinsen sanken. Dieser Aufholprozess endete aber in der Schuldenkrise mit ihrer desaströsen Austeritätspolitik, sodass sie relativ zur EU wieder zurückfielen, statt aufzuholen – wie oben dargelegt (siehe Abb. 2, S. 107).

Die Osterweiterungen ab 2004 können hingegen als relativer Erfolg gelten. Das Wachstum der Neumitglieder lag meist über dem der reicheren Altmitglieder und führte zu einer Annäherung der Einkommensniveaus (siehe Abb. 2, S. 107). Allerdings brauchte die Region zehn Jahre, um von 40 Prozent auf 50 Prozent des EU-Durchschnitts zu kommen – ein Tempo, mit dem sie 2050 bei 75 Prozent ankäme. Aber auch dieser Aufholprozess verliert an Glanz, wenn man statt des Verhältnisses der Pro-Kopf-Einkommen deren absoluten Abstand betrachtet, der weiter zugenommen hat, und zwar um über 4.000 Euro allein zwischen 2012 und 2022.

Der westliche Balkan hat gute Chancen, eine ähnliche Entwicklung wie MOE zu durchlaufen, wenn er denn seine politischen Konflikte lösen kann, die vor allem innerhalb von Bosnien-Herzegowina und zwischen Serbien und dem Kosovo virulent sind und auch den EU-Beitritt blockieren. Für Georgien, Moldau und die Ukraine dürfte der Weg allein ökonomisch noch viel länger sein – von der partiellen Besetzung ihres jeweiligen Territoriums durch russische Truppen ganz zu schweigen. Dabei gibt es durchaus Bedenken, ob die ukrainische Wirtschaft den harten Wettbewerb in einem europäischen Binnenmarkt bewältigen könnte (Cooper 2024).

Ein nochmals erweitertes Europa dürfte also 2050 ein Europa mit deutlich größeren Einkommensdisparitäten sein. Insbesondere der Beitritt der beiden ehemaligen Sowjetrepubliken mit Bevölkerung, die fast doppelt so groß ist wie die von Bulgarien und Rumänien, dürfte die europaweite Ungleichheit mehr erhöhen als deren Beitritt 2007, als sie um 50 Prozent (zu Wechselkursen, weniger in KKS) anstieg (siehe Abb. 4, S. 111). Die Einkommensunterschiede sind riesig: 1:8 zum EU-Durchschnitt (siehe Tab. 1, S. 113) und deutlich mehr relativ zum reichen Kern (eher 1:12). Sie bieten – vor allem im Falle einer EU-Integration mit ihrem freien Verkehr von Gütern, Dienstleistungen, Arbeit und Kapital – große Anreize für Migrationsbewegungen in den reicheren Kern und Produktionsverlagerungen in die kostengünstigere Peripherie. Die Abweichung von Wechselkurs und Kaufkraft (siehe letzte Spalte in Tab. 1, S. 113) bietet dafür gegenläufige Anreize: Für Migrant_innen haben die deutlich höheren Löhne im Zentrum Europas eine riesige Kaufkraft im Herkunftsland, auch wenn sie im Gastland mit seinem höheren Preisniveau relativ niedrig und real weniger wert sind. Für Unternehmen gilt dagegen, dass sie für (zu Wechselkursen) bescheidene Kosten im Zielland real höherwertige Leistungen (vor allem Arbeitskraft, aber auch Boden und andere Inputs) beziehen können.

Um den sozialen Zusammenhalt in einem so strukturierten Europa zu fördern, bedarf es erheblicher Anstrengungen mit einer effektiveren Ausrichtung der Kohäsionspolitik, die vor allem kontraproduktive Austeritätsauflagen vermeidet.

Letztlich sind dazu wahrscheinlich fiskalische Kapazitäten auf Unionsebene unverzichtbar. Sie müssen geldpolitisch durch eine Europäische Zentralbank untermauert werden, deren Mandat neben der Preisstabilität Wachstum, Beschäftigung und sozialen Ausgleich umfasst.

Literatur

Atkinson, Anthony B. u. a. (2010), Income poverty and income inequality, in: Atkinson, A. B und E. Marlier (Hrsg.), Income and living conditions in Europe, Eurostat, Publications Office of the EU, Luxembourg, S. 101–131.

Blanchet, Thomas, Lucas Chancel und Amory Gethin (2019), How Unequal is Europe? Evidence from Distributional National Accounts 1980–2017. World Inequality Database, https://wid.world/document/bcg2019-full-paper/.

Cooper, Luke (2024), Ukraine is quietly abandoning neoliberalism, https://www.socialeurope.eu/ukraine-is-quietly-abandoning-neoliberalism.

Dauderstädt, Michael (2023), Ungleichheit in Europa : Die Folgen von Pandemie und Krieg, https://library.fes.de/pdf-files/international/20161.pdf.

Dauderstädt, Michael (2021a), Wirtschaftsprogramme gegen die Pandemiekrise – Deutschland im internationalen Vergleich, in: Wirtschaftsdienst 101, 5, S. 362–368, https://www.wirtschaftsdienst.eu/inhalt/jahr/2021/heft/5/beitrag/wirtschaftsprogramme-gegen-die-pandemiekrise-deutschland-im-internationalen-vergleich.html.

Dauderstädt, Michael (2021b), Cohesive Growth in Europe: A Tale of Two Peripheries, in: Intereconomics. Review of European Economic Policy 56, 2, S. 120–126, https://www.intereconomics.eu/contents/year/2021/number/2/article/cohesive-growth-in-europe-a-tale-of-two-peripheries.html.

Dauderstädt, Michael (2020), Einkommensungleichheit in der EU, in: Wirtschaftsdienst 100, 8, S. 628–632.

Dauderstädt, Michael (2001), Irland, der »keltische Tiger« – Vorbild oder Warnung für ein wachsendes Europa?, in: ifo Schnelldienst 6/2001,
https://www.ifo.de/publikationen/2001/aufsatz-zeitschrift/irland-der-keltische-tiger-vorbild-oder-warnung-fuer-ein.

Kakoulaki, Georgia u. a. (2021), Green hydrogen in Europe – A regional assessment: Substituting existing production with electrolysis powered by renewables, https://www.sciencedirect.com/science/article/pii/S0196890420311766?via%3Dihub.

OECD (2023), OECD Regional Outlook 2023: The Longstanding Geography of Inequalities, https://www.oecd-ilibrary.org/sites/62410220-en/index.html?itemId=/content/component/62410220-en.

OECD (2011), Divided We Stand. Why Inequality Keeps Rising, https://www.oecd.org/els/soc/49170768.pdf.

OECD (2008), Growing Unequal? Income Distribution and Poverty in OECD Countries, https://www.oecd.org/els/soc/49170768.pdf.

Welt im Umbruch. Für mehr Europa in der Sicherheitspolitik

Von Christos Katsioulis

Die europäische Sicherheitsarchitektur liegt spätestens seit dem russischen Angriff auf die Ukraine im Februar 2022 in Trümmern. Zwischenstaatliche Kriege in Europa, die jahrzehntelang unvorstellbar erschienen, sind heute wieder Realität. Vor dem Hintergrund der gescheiterten ukrainischen Gegenoffensive 2023 und des russischen Übergewichts bei Personal und Material wächst sogar die Sorge vor einer Ausweitung des Krieges. Ein Angriff Russlands auf die NATO selbst rückt in den Bereich des Möglichen. Dabei droht die Gefahr, dass Europa auf sich allein gestellt sein wird, sei es, weil die USA im Pazifik gebunden sein werden (Bronk 2023), sei es, weil mit der potenziellen Präsidentschaft Donald Trumps das Vertrauen in die Beistandsgarantie der NATO bröckelt. Sollte sich die im Wahlkampf skizzierte Linie durchsetzen, würde sich die Rolle der USA in der europäischen Sicherheitsarchitektur grundsätzlich verändern: vom Garanten zu einer Art Mafiapate, der Schutz nur gegen Geld gewährt.

In dieser düsteren Lage ist die Fähigkeit der Europäischen Union, ihre eigene Nachbarschaft aktiv zu gestalten und an der Schaffung einer neuen Sicherheitsarchitektur mitzuwirken, einerseits wichtiger denn je, steht andererseits aber mehr in Frage als jemals zuvor. Denn der Angriff Russlands auf die Ukraine hat zuerst einmal die Schwachstellen der EU in der Sicherheitspolitik offengelegt. Während vor allem Washington, aber auch London schnell und entschieden reagierten und die NATO als System kollektiver Verteidigung Europas revitalisiert wurde, spielte die EU nur beim Sanktionsregime eine wahrnehmbare Rolle. Die letzten zwei Jahre, die der Krieg schon dauert, zeigen aber, dass dieser Eindruck voreilig gewesen sein könnte. Die EU hat weiterhin das Potenzial, sich zu einem eigenständigen Akteur in der Sicherheitspolitik zu entwickeln und die angestrebte strategische Autonomie zu erreichen. Allerdings muss sie zuvor ein paar Herausforderungen bewältigen.

Um dieses Potenzial abwägen zu können, wird das Konzept der strategischen Autonomie näher betrachtet, ebenso wie die Entwicklungsschritte auf dem Weg dahin, die die EU bis zum Ausbruch des Krieges hinter sich gebracht hat. In einem zweiten Schritt folgt der Blick auf den Istzustand der Sicherheitspolitik der EU, bevor zuletzt die Veränderungen in Augenschein genommen werden, die der Krieg in Gang gesetzt hat. Zuletzt werden mögliche Entwicklungspfade skizziert, die sich daraus ergeben.[1]

---

1   Dieser Beitrag wurde Mitte Februar 2024 verfasst und kann daher keine Ereignisse nach diesem Datum mehr in die Analyse einbeziehen.

Das Konzept der strategischen Autonomie

Die Idee der Autonomie oder des eigenständigen Handelns hat in der EU in den letzten Jahren an Zulauf gewonnen. Einst ein eng auf Sicherheitspolitik gemünztes Konzept mit dem Ziel einer Europäischen Armee wurde es zusehends breiter definiert, sodass es auch Lieferketten in einer postpandemischen Welt umfasst (Fabry/Veskoukis 2021). Mauro (2021) trifft die Vagheit des Konzepts, indem er es als ein »obscure object of desire« beschreibt. Damit macht er deutlich, dass trotz der zahlreichen Debatten und Publikationen der letzten Jahre die strategische Autonomie unklar bleibt. Ein gemeinsames Verständnis davon ist kaum vorhanden, es kommt stattdessen oft zu Misskommunikationen darüber, weil sich die Diskussionsteilnehmer_innen auf unterschiedliche Aspekte strategischer Autonomie konzentrieren (vgl. dazu das wundervolle Beispiel der Debatte zwischen Emmanuel Macron und Annegret Kramp-Karrenbauer in Mauro 2021: 6 ff.).

Nicht nur in der Politik, auch in Denkfabriken und Universitäten gehen die Vorstellungen von strategischer Autonomie auseinander. Zur Strukturierung des Themas hilft dabei der Blick auf drei Ebenen, die für strategische Autonomie zentral sind: Politik, Institutionen und die funktionale Ebene (Grevi 2019: 10). Kurz gefasst bedeutet dies, dass die EU erstens ein gemeinsames Verständnis der Ziele benötigt, die sie erreichen will. Ein solches Verständnis muss gleichzeitig über reine Lippenbekenntnisse hinausgehen und in der politischen Praxis belastbar sein. Dies wird auch als ein gemeinsames Mindset der EU-Mitgliedsländer beschrieben (Biscop 2022). Zum Zweiten braucht es Institutionen, die diese Ziele effizient, legitim und flexibel implementieren können. Zuletzt braucht es entsprechende Kapazitäten und Mittel, um autonom zu handeln und die Entscheidungen umzusetzen, in diesem Fall ökonomische und militärische Ressourcen (vgl. zu allen drei Ebenen Grevi 2019: 10).

Dies beschreibt die internen Voraussetzungen und Prozesse, die in der EU notwendig sind, um strategische Autonomie zu erreichen. Allerdings bedarf es dafür einer klaren Zieldefinition dessen, was damit eigentlich gemeint ist. Dieses Ambitionsniveau kann ebenfalls in drei Stufen aufgeteilt werden (Mauro 2021). Die erste Stufe ist die Fähigkeit, Krisen zu managen. Dies stand am Beginn der Gemeinsamen Sicherheits- und Verteidigungspolitik der EU und beschreibt die Fähigkeit der EU, Krisen in der eigenen Nachbarschaft zu bewältigen. Die zweite Stufe ist militärische Unabhängigkeit. Dies ist eine Ambition, die erst in den vergangenen zehn Jahren Eingang in die Debatte gefunden hat und vor allem in der Globalstrategie der EU zum Ausdruck kommt (EEAS 2016). Sie zielt darauf ab, Sicherheit inner- und außerhalb der EU zu gewährleisten, und basiert auf einer unabhängigen und wettbewerbsfähigen Verteidigungsindustrie. Politisch war diese Zielsetzung zumindest bei einigen Akteuren implizit oder auch explizit gegen die USA gerichtet. Die EU sollte in der Lage sein, autonom von der NATO und damit den Vereinigten Staaten zu handeln (Borrell 2020). Das dritte Ambitionslevel strategischer Autonomie ist eine sehr breite und weitgehend nicht definierte Interpretation von Autonomie. Wie der Hohe Vertreter der EU für Außen- und Sicherheitspolitik, Josep Borrell, schreibt: »Since then, strategic autonomy has been widened to new subjects of an economic and technological nature, as revealed by the Covid-19 pandemic. However, the security dimension remains predominant and sensitive.« (Borrell 2020)

Für die Diskussion einer Rolle der EU bei der Gestaltung einer künftigen europäischen Sicherheitsarchitektur sind die ersten beiden Zielstufen ausreichend, daher wird der Fokus in diesem Beitrag darauf liegen. Gleichzeitig wird immer wieder auf die drei Ebenen innerhalb der EU rekurriert, die zur Erreichung der Zielvorstellung notwendig sind.

Strategische Autonomie in der Praxis?

Die EU ist ein Friedensprojekt, damit ist die Gewährleistung von Sicherheit Teil des Gründungsmythos der Union. Allerdings war das Ziel weniger die Herstellung von Frieden außerhalb der EU als vielmehr die Vermeidung von Krieg zwischen Europäer_innen. Erst als die Europäische Gemeinschaft Anfang der 1990er-Jahre mit den Kriegen im ehemaligen Jugoslawien konfrontiert wurde, begann die Debatte darüber, die EU um eine außen- und sicherheitspolitische Dimension zu ergänzen. Ausgangspunkt war dabei die eigene Unfähigkeit, mit diesen Krisen ohne die Unterstützung der USA und der NATO umzugehen. In der Folge lässt sich eine der ersten Definitionen strategischer Autonomie 1999 in der Gipfelerklärung von Köln finden, ohne dass der Begriff dabei verwendet wird: »The Union must have the capacity for autonomous action, backed up by credible military forces, the means to decide to use them, and a readiness to do so, in order to respond to international crises without prejudice to actions by NATO« (EU Council 1999).

Das war der Startschuss für einen institutionellen Aufbauprozess. Um nur einige Fortschritte zu nennen, wurde der Posten eines Hohen Vertreters für Außen- und Sicherheitspolitik geschaffen. Der Europäische Auswärtige Dienst wurde installiert, eine Reihe strategischer Papiere wurden in Brüssel verfasst und ambitionierte Ziele für den militärischen Kapazitätenaufbau der EU gesetzt. Allerdings wurden die Helsinki Headline Goals von 1999 (50.000 bis 60.000 Soldat_innen, einsetzbar binnen 60 Tagen für bis zu ein Jahr), die nur schwer erreichbar schienen, schon 2004 durch die Gründung der Battlegroups ergänzt. Diese kleineren Einheiten von etwa 1.500 Soldat_innen sollten innerhalb von Tagen einsatzfähig sein. Dies war zwar ab 2007 möglich, allerdings wurden die Battlegroups seither nie eingesetzt. Als Gründe wurden folgende drei Punkte angeführt: »issues relating to political will, usability, and financial solidarity« (EEAS 2019).

Dieser selektive Überblick über die Entwicklung des sicherheitspolitischen Arms der EU zeigt ein Muster, das sich auch in der Folge wiederfindet. Die Formulierung von Strategien und Beschlüssen auf EU-Gipfeln geschieht zeitnah zur Krise, ebenso wie die Entwicklung eines institutionellen Rahmens für deren Umsetzung. Es hapert jedoch an der Bereitstellung der notwendigen Ressourcen durch die Mitgliedstaaten und vor allem am politischen Willen, als EU aktiv zu werden. Die Bedingungen dafür, wie etwa ein hohes Maß an gegenseitigem Vertrauen oder auch die Wahrnehmung der EU als Schicksalsgemeinschaft (Grevi 2019 nennt es »shared sense of destiny«), fehlen. Beides scheitert an den beiden Gretchenfragen der EU-Sicherheitspolitik: Wie hältst du es mit Russland und wie hältst du es mit den USA und der NATO? (Mauro 2021: 5; Retter u.a. 2021: 3) Solange dieses Spannungsfeld nicht berührt wurde, war die EU in der Lage, vereinzelte Krisenmissionen vor allem in Afrika zu implementieren (vgl. für einen Überblick über die Missionen der EU EEAS 2021).

Das Ziel einer stabilen Welt und eines sicheren Europas (EEAS 2021), das sich die EU gesetzt hat, ließ sich damit aber nicht verwirklichen. Der Trend geht vielmehr in die entgegengesetzte Richtung. Die Nachbarschaft Europas entwickelte sich zu einer instabilen und krisengeschüttelten Region, mit Kriegen und Konflikten, die von Georgien, Armenien und Aserbaidschan, der Ukraine, bis zum Nahen Osten und der Sahelzone reichen. Schon vor dem russischen Versuch, die souveräne Staatlichkeit der Ukraine mit Waffengewalt zu beenden, gab es ausreichend Motivlagen für ein stärkeres europäisches Engagement in der Sicherheitspolitik, autonom oder im Verbund mit den USA.

Ein zweites Motiv für mehr europäische Handlungsfähigkeit, neben den Krisen in der Nachbarschaft, waren die Entwicklungen in den Vereinigten Staaten selbst. Während der Präsidentschaft Donald Trumps wurde Europa schmerzhaft daran erinnert, wie abhängig europäische Sicherheit weiterhin von Washington ist (Kaminski 2022; Grevi 2021: 15). Sein Zitat von der obsoleten NATO, das er später wieder zurücknahm, und die im Wahlkampf 2024 gefallene Beschreibung seiner Herangehensweise an die NATO, die in ihrer Transaktionalität zugespitzt als »Zahlt oder sterbt« beschrieben wurde (Fellmann 2024), ist dabei nur die extreme Form einer amerikanischen Reorientierung. Denn sowohl sein Vorgänger Barack Obama als auch sein Nachfolger Joe Biden richteten den Fokus amerikanischer Außenpolitik stärker auf den Pazifik und ermunterten Europa, mehr Verantwortung für die eigene Sicherheit zu übernehmen.

Die außenpolitischen Anreize für mehr Europa in der Sicherheitspolitik waren also schon länger vorhanden und auch im Inneren gab es keine Widerstände dagegen. Schon vor dem russischen Angriff auf die Ukraine 2022 gab es in europäischen Gesellschaften Mehrheiten für eine engere Kooperation zwischen EU und NATO. Ein Alleingang der EU ohne NATO fand dagegen nur minimale Unterstützung, während sich beinahe die Hälfte der befragten Europäer_innen für eine Europäische Armee aussprach (Katsioulis u.a. 2022: 29).

Während also außenpolitisch viel für mehr Europa sprach und innenpolitisch zumindest kein starker Gegenwind zu spüren war, ist auf der Ebene der Ressourcen Europas – das sind im Fall der Sicherheitspolitik vor allem die Kapazitäten der Mitgliedsländer – eher ein Rückgang zu verzeichnen (Biscop 2022: 4). Der Hintergrund waren die sinkenden Verteidigungsausgaben vieler europäischer Staaten, was auch Auswirkungen auf die NATO hatte. Hinzu kommt, dass mit dem Brexit eines der Mitgliedsländer die EU verlassen hat, das über die meisten militärischen Fähigkeiten verfügt.

Zusammenfassend kann für die strategische Autonomie eine paradoxe Entwicklung verzeichnet werden. Seit dem Aufkommen dieses Gedankens ist der Bedarf daran sowohl durch die Zunahme der Krisen um Europa herum als auch durch die Umorientierung der USA gestiegen. Dem Bedarf wurde aber lediglich durch die Entwicklung institutioneller Neuerungen begegnet, er wurde nicht mit der entsprechenden Fähigkeit oder gar dem notwendigen politischen Willen unterlegt.

Strategische Autonomie und der russische Angriffskrieg gegen die Ukraine

Der russische Krieg gegen die Ukraine ist ein Wendepunkt in der europäischen Geschichte, eine »Zeitenwende«, wie sie der deutsche Bundeskanzler Olaf Scholz wenige Tage nach Kriegsbeginn in einer wegweisenden Rede vor dem Bundestag genannt hat (Scholz 2022). Das hat Auswirkungen auf die strategische Autonomie der Europäischen Union. Damit verändert sich der Kontext, in dem sich europäische Sicherheitspolitik entwickeln muss: die Dringlichkeit der Beschaffung fehlender Fähigkeiten und die Frage nach den Partnern. Einige der entscheidenden Faktoren für die strategische Autonomie der EU haben sich laut Retter u. a. (2021: IV) seit dem nicht provozierten russischen Krieg gegen die Ukraine erheblich verändert.

Auf der politischen Ebene führt der Krieg erstens zu einer Veränderung der Bedrohungswahrnehmungen: Infolge der eindeutigen und völkerrechtswidrigen Aggression Russlands gleichen sich die zuvor recht unterschiedlichen Bedrohungswahrnehmungen, insbesondere zwischen den östlichen und westlichen Mitgliedern der Union (Katsioulis 2022: 22), an. Dies wirkte sich unmittelbar bei der Frage der Sanktionen gegen Russland aus. Nie zuvor konnte die EU so schnell über ein Sanktionsregime entscheiden, das nicht nur für Russland, sondern auch für die europäischen Gesellschaften erhebliche Auswirkungen hatte. Aber die gemeinsame Überzeugung, dass es ein klares Signal an Moskau geben müsse, setzte sich durch und half, politischen Willen zu generieren. Zweitens konnte der ewige Zankapfel, die Konkurrenz zwischen EU und NATO, zumindest mittelfristig beiseitegelegt werden. Dieser Konflikt hatte viele Jahre lang eine Einigung in der EU verhindert und damit Fortschritte bei der Entscheidungsfindung und dem Aufbau von Kapazitäten verhindert (Ondarza/Overhaus 2022: 5). Der Krieg hat das atlantische Bündnis zumindest vorläufig wiederbelebt und deutlich gemacht, dass es weiterhin zentral für Europa ist. Die Bündnisverteidigung ist nach wie vor auf die NATO und damit auf die Unterstützung der Vereinigten Staaten angewiesen

Drittens wurden sowohl EU als auch NATO erheblich gestärkt. Die dänische Bevölkerung stimmte in einem Referendum für den Beitritt zur Gemeinsamen Sicherheits- und Verteidigungspolitik und beendete damit ihr jahrzehntelanges Opt-out. Dies macht auch deutlich, dass sich die Meinung der Bevölkerungen zur EU-Sicherheitspolitik nach dem russischen Angriff verändert hat und festgefügte Positionen aufbrechen. Gleiches zeigt sich für die NATO. Schweden und Finnland, zwei traditionell neutrale Länder, haben sich für den Eintritt in die NATO entschieden. In beiden Ländern war dies auch einem Wandel in der öffentlichen Meinung angesichts der veränderten Bedrohungswahrnehmung geschuldet. Zudem hat sich die Kooperation zwischen den EU-Mitgliedstaaten und dem Vereinigten Königreich verbessert.

Auf institutioneller Ebene hat der Krieg das janusköpfige Prinzip der EU-Entscheidungsprozesse offenbart. Die Union war einerseits in der Lage, Russland unter dem Eindruck des Angriffs schnell massive Sanktionen aufzuerlegen. Dies war offenbar auch für Moskau eine Überraschung, da die russische Regierung nicht mit einer solchen von allen Mitgliedstaaten getragenen Entscheidung gerechnet hatte (Hill/Stent 2022). Nachdem der Schock über die Aggression nachgelassen hatte und nationalstaatliche Erwägungen wieder ins Spiel gekommen waren, war die Einstimmigkeit wieder gefährdet. Solange einzelne Mitgliedstaaten Entscheidungen der EU nach Gutdünken für eigene Zwecke blockieren oder ändern können, wird die EU auf internationaler Ebene kein ernst zu nehmender Machtfaktor sein. Diese Einsicht ist nicht neu, aber es ist deutlich geworden, wie dringend sich dies ändern sollte. Die deutsche Regierung hat beispielsweise erneut bekräftigt, die qualifizierte Mehrheitsentscheidung in der Sicherheitspolitik der EU einführen zu wollen. Momentan scheint dies unrealistisch, wenn man bedenkt, welche Bedeutung das Veto vor allem für kleinere Mitgliedstaaten der EU hat. Dennoch kann es die Initialzündung für eine Gruppe von Staaten sein, innerhalb der EU enger zusammenzuarbeiten, möglicherweise in Form einer Ständigen Strukturierten Zusammenarbeit (PESCO).

Dies könnte der erste Schritt zu einer stärker integrierten europäischen Sicherheitspolitik sein, die das Einstimmigkeitsprinzip aushebelt. Der politische Druck des Krieges könnte somit zu differenzierten Integrationsniveaus auf Basis übereinstimmender strategischer Kulturen in der EU führen und dabei dem Beispiel der EUFOR-Kernoperation »Crisis Responses« folgen (Biscop 2022: 9).

Aber nicht nur beim politischen Willen, auch auf der Ebene der Fähigkeiten hat der Krieg Veränderungen bewirkt. Der Schock über den Krieg an der Grenze der EU hat die Aufmerksamkeit auf die nationalen Verteidigungsfähigkeiten gelenkt. Hier hat sich seit 2022 viel getan. Vor allem die Entscheidung der deutschen Regierung, in den kommenden Jahren 100 Milliarden Euro in den Verteidigungshaushalt zu investieren und dafür dauerhaft mehr als zwei Prozent des

Bruttoinlandsprodukts aufzuwenden (Scholz 2022), ist hier zu nennen. Auch andere Mitgliedstaaten investieren stärker in Verteidigung, sodass sich die summierten Fähigkeiten der EU in absehbarer Zeit wandeln werden. Das verändert nicht nur die Möglichkeiten der EU, sondern auch die Verhältnisse in der NATO, wo mehr europäische Verantwortung machbar ist.

Die Chance dieser Investitionsinitiative ist zugleich eine stärkere Integration der europäischen Armeen. Mit den zeitgleich getroffenen Investitionsentscheidungen besteht die Chance, zumindest die Beschaffung anspruchsvoller Systeme anzugleichen und so Skaleneffekte zu nutzen. Denn viele EU-Staaten haben ihre älteren Waffensysteme der ukrainischen Armee zur Verfügung gestellt – die Depots sind mithin leer. Daraus ergibt sich die Chance, die Interoperabilität der europäischen Armeen grundlegend zu verbessern, indem gemeinsame Systeme beschafft werden und der gemeinsame Einsatz von Beginn an mitgedacht wird. Mit den neuen Finanzinstrumenten der EU und einer verstärkten – koordinierenden – Rolle der Europäischen Kommission im Verteidigungsbereich besteht die Chance, die europäische Verteidigung in den kommenden Jahren zu konsolidieren und zu integrieren (Puglierin 2022: 5).

Die Bundesregierung hat bereits zugesagt, die zusätzlichen Ausgaben zur Stärkung der europäischen Kooperation zu verwenden. Schon in seiner Rede zur Zeitenwende hat der Bundeskanzler die Beschaffung europäischer Systeme wie FCAS thematisiert (Scholz 2022). Dies wurde in den folgenden Monaten abermals unterstrichen (BMVG 2022) und könnte der Keim dafür sein, dass die EU in Zukunft autonom(er) und handlungsfähig(er) wird.

Abgesehen von den Veränderungen auf politischer und institutioneller Ebene sowie bei den Fähigkeiten hat der Krieg dazu beigetragen, das Ambitionsniveau der strategischen Autonomie zu klären. Die russische Aggression hat eine gesunde Portion Pragmatismus in die europäische Debatte eingebracht. Damit konzentrieren sich die Bemühungen auf notwendige und auch erreichbare Ziele. Die zuweilen ideologisch geführte Debatte über EU und/oder NATO ist passé. Die eigentliche Frage ist vielmehr: Wie viel Europa in der NATO? Der Wahlkampf in den USA trägt seinen Anteil daran. Dies berücksichtigt die notwendige Stärkung Europas ebenso wie die Hinwendung zum Pazifik, die in den Vereinigten Staaten trotz des Krieges in Europa stattfindet. Dennoch gibt es noch eine Reihe von Synergien zwischen der NATO und der EU, die nicht ausreichend genutzt werden. Der neue Strategische Kompass der EU, der im Lichte der russischen Aggression überarbeitet wurde, zeigt die Richtung für eine Europäische Union auf, die flexibler, effektiver und wendiger ist (Puglierin 2022: 4).

Der russische Angriffskrieg gegen die Ukraine zwingt die EU somit dazu, Farbe in der Sicherheitspolitik zu bekennen. Bis 2022 bestand die sicherheitspolitische Ambition der EU aus einem sehr ehrgeizigen institutionellen Gefüge, dem es an politischem Willen und vor allem an den Mitteln zur Umsetzung fehlte. Die Fähigkeitslücken werden in den kommenden Jahren geschlossen; wie das geschieht, wird zeigen, wie ernst es der EU und den Mitgliedstaaten mit der Interoperabilität ist. Wenn die Chance genutzt wird und die EU ihren Mitgliedstaaten helfen kann, ihre Streitkräfte besser zu integrieren, ist dies ein Schritt in die richtige Richtung. Der Handlungsbedarf ist groß.

Erstens muss der europäische Pfeiler in der NATO eine größere Last schultern, angesichts des US-Wahlkampfs eher früher als später. Niemand – außer vielleicht Donald Trump – erwartet von den Europäer_innen, dass sie die Vereinigten Staaten vollständig ersetzen, aber im Bereich der konventionellen Streitkräfte wird jeder Präsident künftig mehr europäisches Engagement erwarten. Zweitens wird Europa das Krisenmanagement in seiner Nachbarschaft auf absehbare Zeit ohne die USA bewältigen müssen. Auch wenn der Krieg dieses Thema derzeit überschattet, werden die Krisenherde rund um die EU politische Aufmerksamkeit und gegebenenfalls auch Krisenmanagement erfordern (siehe zu den anstehenden Herausforderungen Haass 2022).

Eine EU, die in der Lage ist, diese Ziele zu verwirklichen, würde das Versprechen der strategischen Autonomie, das nun fast 25 Jahre alt ist, einlösen. Seitdem hat sich die Welt grundlegend verändert und mit ihr die Bedeutung dieses manchmal verschwommenen, manchmal politisch umstrittenen Konzepts. Was sich jedoch nicht geändert hat, ist die Notwendigkeit für die Europäische Union, ihr wirtschaftliches Gewicht durch ein entsprechendes Engagement in der Sicherheitspolitik zu ergänzen. Der Krieg in der Ukraine war nur die jüngste Erinnerung daran, dass das viel zitierte Missverhältnis zwischen dem wirtschaftlichen Riesen und dem militärischen Zwerg, der im Übrigen ständig durch interne Querelen abgelenkt wird, immer noch Realität ist und behoben werden muss. Denn wenn die EU nicht in der Lage ist, in einem zunehmend chaotischen und konfrontativen Umfeld zu handeln, läuft sie Gefahr, zum Spielball anderer Akteure zu werden – das wäre das Gegenteil von strategischer Autonomie.

Literatur

Biscop, Sven (2022), Strategic Autonomy: Not without Integration, FEPS Policy Brief, Strategic Autonomy Series, Brüssel, Januar 2022, https://feps-europe.eu/wp-content/uploads/downloads/publications/220113%20strategic_autonomy_sven_biscop.pdf.

BMVG (2022), Ministerin Lambrecht: Die Europäer müssen selbst wirksamer abschrecken, 21. Juni 2022, Berlin, https://www.bmvg.de/de/aktuelles/ministerin-europaer-muessen-selber-wirksamer-abschrecken-5450158.

Borrell, Josep (2020), Why European strategic autonomy matters, HR/VP Blog, EEAS, 3. Dezember 2020, https://www.eeas.europa.eu/eeas/why-european-strategic-autonomy-matters_en.

Bronk, Justin (2023), Europe Must Urgently Prepare to Deter Russia Without Large-Scale US Support, Commentary, 7. Dezember 2023, RUSI, https://www.rusi.org/explore-our-research/publications/commentary/europe-must-urgently-prepare-deter-russia-without-large-scale-us-support.

EEAS (2021), Missions and operations: Working for a stable world and a safer Europe, Brüssel, https://www.eeas.europa.eu/eeas/missions-and-operations_en.

EEAS (2019), Factsheet EU Battlegroups, Brüssel, https://www.eeas.europa.eu/sites/default/files/factsheet_battlegroups.pdf.

EEAS (2016), Shared Vision, Common Action: A Stronger Europe – A Global Strategy for the European Union's Foreign and Security Policy, Brüssel, Juni 2016, https://www.eeas.europa.eu/sites/default/files/eugs_review_web_0.pdf.

EU Council (1999), EU Declaration on Strengthening the Common European Policy on Security and Defence, 3. bis 4. June 1999, Köln, https://www.europarl.europa.eu/summits/kol2_en.htm.

Fellmann, Fabian (2024), Zahlt oder sterbt, in: Süddeutsche Zeitung, 12. Februar 2024, https://www.sueddeutsche.de/politik/trump-nato-republikaner-reaktionen-1.6353447.

Grevi, Giovanni (1999), Strategic autonomy for European choices: The key to Europe's shaping power, EPC Discussion Paper, Brüssel, Juli 2019, https://www.epc.eu/content/PDF/2019/190719_Strategicautonomy_GG.pdf.

Haass, Richard (2022), The Dangerous Decade. A Foreign Policy for a world in Crisis, in: Foreign Affairs, 6. September, https://www.foreignaffairs.com/united-states/dangerous-decade-foreign-policy-world-crisis-richard-haass.

Hill, Fiona und Angela Stent (2022), The World Putin Wants, in: Foreign Affairs, 25. August, https://www.foreignaffairs.com/russian-federation/world-putin-wants-fiona-hill-angela-stent.

Kaminski, Tomasz (2022), Don't look at Trump: The EU needs Strategic Autonomy, in: Review No. 16, 4liberty.eu, S. 34–47, http://4liberty.eu/wp-content/files/TOMASZ_KAMISKI_DONT_LOOK_AT_TRUMP_THE_EU_NEEDS_STRATEGIC_AUTONOMY.pdf.

Katsioulis, Christos u. a. (2022), Navigating the Disarray of European Security. Security Radar 2022, Friedrich-Ebert-Stiftung, Wien, https://library.fes.de/pdf-files/bueros/wien/18980-20220310.pdf.

Mauro, Frédéric (2021), Europe's Strategic Autonomy: That obscure object of desire, Iris Analysis No. 13, Paris, Oktober, https://www.iris-france.org/wp-content/uploads/2021/10/EN-ANALYSIS-13-EUROPE%E2%80%99S-STRATEGIC-AUTONOMY-October-2021.pdf.

Puglierin, Jana (2022), Der Strategische Kompass. Ein Fahrplan für die Europäische Union als sicherheitspolitische Akteurin, BAKS-Arbeitspapier Sicherheitspolitik 7/2022, https://www.baks.bund.de/sites/baks010/files/arbeitspapier_sicherheitspolitik_2022_7.pdf.

Retter, Luzia u. a. (2021), European Strategic Autonomy in Defence. Transatlantic visions and implications for NATO, US and EU relations, RAND Cooperation Europe, Santa Monica, https://www.rand.org/content/dam/rand/pubs/research_reports/RRA1300/RRA1319-1/RAND_RRA1319-1.pdf.

Scholz, Olaf (2022), Regierungserklärung von Bundeskanzler Olaf Scholz am 27. Februar 2022, Berlin, https://www.bundesregierung.de/breg-de/suche/regierungserklaerung-von-bundeskanzler-olaf-scholz-am-27-februar-2022-2008356.

Von Ondarza, Nicolai und Marco Overhaus (2022), Rethinking Strategic Sovereignty. Narratives and Priorities for Europe after Russia's Attack on Ukraine, SWP Comment No. 31, April 2022, Berlin, https://www.swp-berlin.org/publications/products/comments/2022C31_Strategic_Sovereignty.pdf.

Autorinnen und Autoren

Burkhardt, Delara ist seit 2019 Mitglied des Europäischen Parlaments für die Fraktion S&D. Sie hat einen Masterabschluss in Sozialökonomie der Universität Hamburg und war unter anderem für den DGB Nord tätig. Seit 2021 ist sie Mitglied des Landesvorstands der SPD Schleswig-Holstein und von 2015 bis 2019 war sie stellvertretende Bundesvorsitzende der Jusos, zuständig für Internationales und Migration. Darüber hinaus ist sie seit Oktober 2023 Mitglied des Vorstands des Vereins Europäische Bewegung Deutschland e. V.

Dahm, Jochen leitet die Akademie für Soziale Demokratie im Referat Demokratie, Gesellschaft und Innovation (DGI) der Friedrich-Ebert-Stiftung. Er ist unter anderem Herausgeber von *Der moderne Staat* (2023), *Utopien. Für ein besseres Morgen* (2020), *Zukunft der Demokratie* (2019) und der Gesprächsreihe *rausgeblickt* (2021), erschienen im Bonner Verlag J. H. W. Dietz.

Dauderstädt, Dr. Michael ist freiberuflicher Berater und Publizist. Er studierte Mathematik, Ökonomie und Entwicklungspolitik in Aachen, Paris und Berlin. Ab 1980 war er Mitarbeiter der Friedrich-Ebert-Stiftung in verschiedenen Funktionen, unter anderem als Leiter eines Forschungsinstituts in Lissabon und der Internationalen Politikanalyse sowie bis 2013 als Leiter der Abteilung für Wirtschafts- und Sozialpolitik. Er hat zahlreiche Publikationen zur europäischen Integration veröffentlicht (www.dauderstaedt.de).

Decker, Dr. Frank ist Professor für Politische Wissenschaft am Institut für Politische Wissenschaft und Soziologie an der Universität Bonn. Seit 2011 ist er zudem Wissenschaftlicher Leiter der Bonner Akademie für Forschung und Lehre praktischer Politik (BAPP). Seine jüngsten Buchveröffentlichungen sind *Politik in stürmischer Zeit. Deutschland in den 2020er-Jahren* (2023), *Die deutsche Demokratie* (2022) und *Baustellen der Demokratie* (2021).

Hacker, Dr. Björn ist seit 2014 Professor für Europäische Wirtschaftspolitik an der Hochschule für Technik und Wirtschaft (HTW) Berlin. Zuvor arbeitete er für die Friedrich-Ebert-Stiftung. Er forscht und publiziert zu Themen der europäischen Integration, insbesondere zur Wirtschafts- und Währungsunion, zur Europäischen Säule sozialer Rechte und zur politischen Koordinierung und Governance in der EU. Er ist Vertrauensdozent der Hans-Böckler-Stiftung und Mitglied im Wissenschaftlichen Direktorium des Instituts für Europäische Politik.

Hartmann-Cwiertnia, Thomas arbeitet im Referat Demokratie, Gesellschaft und Innovation (DGI) der Friedrich-Ebert-Stiftung. Er ist unter anderem Herausgeber von *Der moderne Staat* (2023), *Utopien. Für ein besseres Morgen* (2020), *Zukunft der Demokratie* (2019) und der Gesprächsreihe *rausgeblickt* (2021), erschienen im Bonner Verlag J.H.W. Dietz.

Katsioulis, Christos leitet das Regionalbüro für Zusammen-
arbeit und Frieden der Friedrich-Ebert-Stiftung in Wien.
Zuvor leitete er die Büros der FES in London, Athen und
Brüssel.

Klein, Rahel ist Politikwissenschaftlerin arbeitet als freie
Journalistin und Moderatorin. Sie gehört seit vielen Jahren zu
den Stimmen auf Deutschlandfunk Nova. Dort moderiert sie
verschiedene Sendungen und Podcasts. Sie gehört außerdem
zum Team von »Tatort Kunst«, dem investigativen Kunst-
Podcast des Deutschlandradios (www.rahel-klein.com).

Kohlenberger, Dr. Judith ist Kulturwissenschaftlerin und
Migrationsforscherin am Institut für Sozialpolitik der Wirt-
schaftsuniversität Wien (WU) und Senior Researcher am
Österreichischen Institut für Internationale Politik (oiip).
Für ihre Forschung wurde sie mit dem Kurt-Rothschild-
Preis 2019 sowie dem Förderpreis der Stadt Wien ausge-
zeichnet und war nominiert für den Deutschen Sachbuch-
preis 2023. Zuletzt erschienen ist von ihr *Wir schaffen das*
(2023) und *Das Fluchtparadox* (2022).

Krell, Dr. Christian ist Professor für Politikwissenschaft
und Soziologie an der Hochschule für Polizei und öffentliche Verwaltung NRW in Köln und Honorarprofessor an der
Universität Bonn. Zuvor war er Professor für Staatsrecht
und Politik an der Hochschule des Bundes für öffentliche
Verwaltung. Er ist Mitherausgeber der NG|FH und Mitglied
der Grundwertekommission der SPD. Zudem leitete er die
Akademie für Soziale Demokratie und das Nordische Büro
der Friedrich-Ebert-Stiftung in Stockholm.

Lewandowsky, Dr. Marcel ist habilitierter Politikwissenschaftler und Autor und forscht seit über 15 Jahren zu den
Themen Populismus, Demokratie und Parteien. Er arbeitete
unter anderem an der Helmut-Schmidt-Universität/Univer-
sität der Bundeswehr Hamburg, der Universität Greifswald
und der University of Florida und lebt in seiner Heimatstadt
Köln. Seine jüngsten Buchveröffentlichungen sind *Was
Populisten wollen* (2024) und *Populismus – Eine Einführung*
(2022).

Schulz, Martin ist Vorsitzender der Friedrich-Ebert-Stiftung. Er war von 1994 bis 2017 Mitglied des Europäischen
Parlaments und von 2012 bis 2017 dessen Präsident. Danach
war er bis 2021 Mitglied des Deutschen Bundestags und von
2017 bis 2018 Vorsitzender der SPD.